101 Rituels

de magie énergétique et intuitive

Pour changer ta vie au quotidien

Elysabel

Publié en 2023 par Les éditions Céleste
147 Grande Côte Ouest
Lanoraie, Québec
Canada
J0K 1E0

Conception de la couverture : Pop ta pub
Illustrations : DolphinCreationArt – Kim Alina

Cet ouvrage contient des conseils de bien-être et propositions de rituels basés sur des croyances. Il est recommandé d'user de prudence en présence d'une flamme nue ou d'objets tranchants. Vous devez consulter un médecin en cas de problème de santé. Ni l'éditeur ni l'auteur ne peuvent être tenus responsables de pertes ou dommages résultant des informations contenues dans ce livre.

ISBN 978-2-9819852-1-7
© Les Éditions Céleste
Dépôt légal à Bibliothèque et archives nationales du Québec août 2023
www.elysabel.com

Pour Samuel

C'est toi qui rends ma vie magique tous les jours.

Table des matières

Remerciements 6

Stop! 8

Petites notions de magie énergétique et intuitive 12

Liste d'outils conseillés 14

Abondance 16
Pour ouvrir les portes à l'abondance financière. 17
Pour attirer la chance, l'argent et l'abondance 19
Pour attirer la chance aux jeux de hasard 22
Pour attirer l'abondance dans tous les aspects de ta vie 23
Pour recevoir des cadeaux et des surprises agréables 25
Pour trouver la propriété de tes rêves 27
Pour vendre ta propriété rapidement 29
Pour avoir des rentrées d'argent inattendues 30
Amulette de réussite professionnelle 33
Pour trouver l'emploi de tes rêves 34
Pour trouver un nouvel emploi 36
Pour te débarrasser de tes dettes 38
Poudre d'abondance 40
Spell jar de prospérité 42

Amour 44
Pour favoriser la fin d'une dispute 45
Pour susciter des amitiés et de nouvelles rencontres 47
Spell jar d'amitié 49
Pour attirer l'âme sœur en amitié 51
Pour rêver de l'âme sœur 53
Bain magique pour attirer l'âme sœur en amour 55
Potion magique pour se rendre irrésistible 57
Pour guérir un cœur en peine d'amour 59
Pour aller de l'avant après la fin d'une relation amoureuse ...61
Pour lâcher prise sur une relation et passer à autre chose 63
Pour trouver le courage de quitter une relation toxique 65
Pour faciliter une rupture 67
Pour savoir qui est amoureux·se de toi 69
Pour susciter la passion sexuelle entre deux personnes
consentantes 72
Pour trouver le-la partenaire idéal·e 75
Amulette pour attirer l'amour passionné 77

Amulette pour attirer l'amour...79
Pour attirer l'amour dans ta vie...81
Pour attirer l'amour dans ta vie...83
Pour rendre la journée de son mariage magique !...................85

Bonheur 87
Pour lâcher prise sur une situation...88
Pour retrouver la joie de vivre et la bonne humeur 90
Pour pardonner à quelqu'un..92
Pour voir la vie avec les yeux d'un enfant.................................94
Pour faire des prises de conscience 96
Pour en finir avec les choses du passé...98
Pour susciter des changements positifs dans ta vie 100

Capacités psychiques 102
Pour accroître ses dons de divination..103
Pour développer tes pouvoirs énergétiques 105
Pour favoriser l'éveil spirituel...107
Pour révéler l'invisible 109
Pour développer tes pouvoirs magiques....................................111
Potion magique pour développer ton intuition.......................113

Concentration.. 115
Potion pour maximiser ta concentration avant un examen.....116
Pour augmenter ta concentration avant une activité sportive
ou physique..118
Pour garder le focus lors d'une tâche spécifique.................120

Confiance en soi...122
Pour trouver le courage d'aborder une personne................123
Pour cesser de craindre d'avancer dans un projet.............125
Amulette pour retrouver la motivation.......................................127
Pour être bien dans ta peau et apprendre à t'apprécier
davantage 129

Créativité 131
Pour trouver l'inspiration...132
Bouteille à secouer pour avoir de nouvelles idées.............134
Pour rendre tes œuvres magiques et attirantes....................136

Deuil..138
Pour adoucir le deuil d'un être cher...139
Pour adoucir le deuil d'une fausse-couche ou d'un enfant
mort-né 141
Bain magique pour adoucir le deuil d'un animal..................143

Fertilité et grossesse..145
Pour vivre une grossesse paisible..146
Pour rêver du sexe d'un enfant à naître....................................148

Pour rêver du nom d'un enfant à naître 150
Pour augmenter ses chances de vivre une grossesse 152
Pour protéger un nouveau-né 154
Pour savoir si c'est le bon moment pour avoir un bébé 156

Protection et purification 158

Pour créer ton eau de lune 159
Spell jar de protection 161
Pour protéger tes animaux domestiques 164
Pour protéger ta famille 166
Pour protéger des objets 168
Pour purifier ta maison ou une pièce en particulier 170
Pour purifier tes objets magiques 173
Pour te protéger avant un voyage 175
Pour éloigner une personne négative ou nuisible 177
Pour te protéger des personnes négatives 179
Pour éloigner les pensées négatives 181
Pot-pourri magique pour te protéger de la maladie 182
Pour protéger tes plantes et en favoriser la croissance 184
Pour te protéger des entités négatives 186

Santé et beauté 188

Spell jar pour retrouver la santé et la conserver 189
Pour obtenir la guérison 191
Bain magique pour soulager les maux de l'âme (mal de vivre,
dépression, etc.) 193
Talisman pour apaiser l'esprit 195
Bain magique pour chasser la déprime 196
Eau de gemme pour soulager le stress 198
Pour favoriser la beauté du corps 200
Pour favoriser la perte de poids 201
Pour récupérer après une maladie 202
Pour chasser la maladie d'une maison 204
Pour aider à la guérison de quelqu'un à distance 206

Sommeil et rêves 208

Amulette anti-cauchemar 209
Pour rêver de tes vies antérieures 211
Pour rêver de l'avenir 213
Pour guérir l'insomnie 214
Amulette pour combattre la fatigue 216

Souhaits 217

Boite à souhaits pour attirer l'abondance 218
Boite à souhaits pour attirer l'argent 220
Boite aux onze souhaits 222
Pour réaliser tes souhaits d'enfance 224
Rituel de souhaits à la pleine lune 226

C'est la fin !..228

À propos de l'auteure 229

Remerciements

Merci à mon mari Jean-Marc. Tu me fais confiance dans mes folies et c'est ce qui me donne envie de continuer.

Merci à Mamie et Papi qui s'occupent de Samuel pendant que Maman fait de la magie.

Merci à vous tous qui me suivez et me partagez vos moments magiques.

 Stop !

Oui, je sais, ça commence sur une drôle de note ! Je sens ton impatience à l'idée de débuter ton premier rituel pour manifester tes désirs. C'est normal, j'étais pareil. Mais avant de plonger la tête première, laisse-moi te guider.

Premièrement, peu importe qui tu es : fille, garçon, homme, femme, transgenre, non binaire ou pangenre, tu es le-la bienvenu·e ici. Il est temps de balayer les préjugés qui voudraient réserver la magie seulement aux femmes. La magie, c'est pour tout le monde, sans exception ! D'ailleurs, ce livre est entièrement écrit de façon inclusive.

Avant de commencer, il est crucial que je te donne quelques conseils de base. Je veux t'éviter de commettre les mêmes erreurs que j'ai pu faire à mes débuts.

Je ne vais pas t'inonder de détails sur ma vie et mon parcours. Si tu es curieux·se, n'hésite pas à visiter ma chaîne YouTube ou mon site web. Tu y trouveras toutes les informations à mon sujet.

Je tiens seulement à te préparer à ce que tu t'apprêtes à vivre grâce à ce livre. Considère-le comme un cadeau que je t'offre. Une clé pour déverrouiller ton pouvoir intérieur.

Mon premier livre de rituels était une véritable bible pour moi. J'étais âgée d'environ 15 ans quand je l'ai acquis, et je le feuilletais presque chaque jour, à la recherche du prochain rituel pour réaliser mes vœux les plus chers. Mais parfois, nos désirs les plus sincères ne sont pas nécessairement les meilleurs pour nous. C'est pourquoi je te propose quelques conseils de base, que j'appelle « Les 9 commandements de la sorcière intuitive ». Ces règles ont guidé ma pratique tout au long de ma vie. À toi de voir si tu souhaites les suivre... ou pas !

Commandement #1: Le libre arbitre des gens, tu respecteras.

C'est un principe fondamental. En magie, il est préférable de travailler sur soi plutôt que d'essayer d'influencer les autres. En changeant ton énergie et en définissant clairement tes intentions, la magie se manifestera naturellement selon tes désirs. Aucun besoin d'intervenir dans la vie des autres à moins qu'ils ne te le demandent ou que tu proposes ton aide et qu'ils acceptent.

Commandement #2 : Patient·e et optimiste, tu seras.

Un rituel bien réalisé et préparé avec soin portera ses fruits, aussi discrets soient-ils. Après un rituel, garde le cœur ouvert, prêts à accueillir ce qui est bon pour toi. Sois attentif·ve aux signes, rappelle-toi de tes rêves et note tout. Tu verras, de belles surprises t'attendent !

Commandement #3 : Dans un état d'esprit positif, tu pratiqueras.

Il n'est pas recommandé de réaliser un rituel quand tu traverses une rupture amoureuse, sous l'influence de drogues ou d'alcool, ou si tu es en détresse psychologique. Tes énergies sont basses dans ces moments et cette dernière joue un rôle crucial dans la réussite d'un rituel. Si tu te sens déprimé·e et que tu veux tout de même pratiquer un rituel, demande l'aide d'un ami. Parfois, à deux, c'est mieux !

Commandement #4 : Dans ta pratique, tu persévèreras.

Travailler avec les énergies et obtenir des résultats nécessite de la pratique. Il faut essayer, noter, et recommencer. Tu peux refaire un rituel plusieurs fois dans l'année et chaque fois obtenir des résultats différents. Si tu n'obtiens pas de résultat (ce qui est rare), ne te décourage pas. Pas besoin d'avoir un « don » particulier pour faire de la magie. Tout ce qu'il faut, c'est te faire confiance et… pratiquer !

Commandement #5 : Ton intuition, tu suivras.

Si un rituel de ce livre ne résonne pas en toi, ne le fais pas. Si tu as envie de remplacer un ingrédient par un autre, fais-le ! Fais confiance à ton intuition. Les éléments utilisés ne sont que des symboles physiques. Le véritable pouvoir est en toi.

Commandement #6 : Un esprit critique, tu garderas.

Ce livre regroupe des rituels authentiques et bénéfiques que j'ai créés. Au cours de ton parcours magique, tu rencontreras sûrement des informations contradictoires, voire inquiétantes. Ne crois pas tout ce que tu vois sur le Web. Si tu as des doutes ou peurs, abstiens-toi. Avec ce livre, tu es en sécurité. Tu peux me faire confiance.

Commandement #7 : Détenir la vérité absolue, jamais tu ne prétendras.

J'entends souvent des absurdités comme « Seuls les

chamans peuvent utiliser la sauge » ou « Tu ne dois jamais révéler tes rituels » ou encore « On ne devient pas sorcière, on naît sorcière ». Sottises ! Chacun a le droit de travailler avec les énergies et de manifester ses intentions à travers la magie. La sorcellerie et la magie ne sont pas des religions, mais des modes de vie. Respecte les pratiques des autres, mais fais-toi respecter aussi. N'impose pas tes croyances. Discute, oui, mais toujours dans le respect et la liberté de chacun.

Commandement #8 : Faire revenir ton ex, tu n'essaieras pas.

Ce genre de rituel ne se trouve pas dans ce livre. Tu y trouveras plutôt des rituels pour trouver l'amour, apprendre à te faire confiance, attirer l'âme sœur, guérir un cœur brisé, etc. Pourquoi ? Simplement parce qu'en période de chagrin d'amour, il est difficile de penser rationnellement. La douleur est si intense qu'on ne souhaite que le retour de l'être aimé pour arrêter de souffrir. Cependant, avec du recul, on se rend souvent compte que la situation était toxique et qu'il est préférable de faire son deuil et de faire confiance à l'univers.

Commandement #9 : La personne de tes rêves qui est déjà en couple, tu ne convoiteras pas.

Je sais, c'est tentant. Tu peux penser que tu serais un·e meilleur·e partenaire, mais non. Si cette personne est destinée à être avec toi, un rituel pour attirer l'amour ou l'âme sœur suffira. Fais-moi confiance, j'ai déjà essayé et ça a mal fini. Comme le dit le vieil adage : « Ne fais pas aux autres ce que tu n'aimerais pas qu'on te fasse ». C'est aussi simple que ça !

Petites notions de magie énergétique et intuitive

La magie, c'est comme une danse énergétique avec l'univers, où tu utilises des symboles tangibles à travers des rituels pour manifester tes intentions dans ta vie.

En d'autres mots, tous les outils que tu utilises lors de tes rituels – que ce soient des herbes, des fleurs, des cristaux, des bougies, de l'encens ou d'autres correspondances – sont là pour booster ta concentration et tes intentions. Nous sommes des êtres incarnés, et nous avons besoin de ces symboles physiques pour donner du sens à notre spiritualité. Certaines personnes, avec le temps et la pratique, n'en ont plus besoin. Moi, j'aime toujours les utiliser. Ils ajoutent une touche de charme à la magie et m'aident à me centrer. J'ai essayé de te proposer des ingrédients faciles à trouver, mais parfois, le simple fait de prendre le temps de réunir tous les outils et ingrédients nécessaires à ton rituel renforce l'intention que tu y mets. Alors, ne te décourage pas si tu ne trouves pas tout !

Dans ce livre, je te propose de plonger dans le monde fascinant de la magie intuitive et énergétique. Voici ce que ça signifie :

Premièrement, tu devras faire appel à ton pouvoir de visualisation pour manipuler les énergies qui t'entourent. Plus tu te remplis d'énergie, plus l'énergie autour de toi répondra à ton rituel. C'est ainsi que tes demandes se manifesteront dans ta vie. Lorsque tu visualises, c'est comme entrer dans un rêve éveillé. Tu dois ressentir en toi la joie que la manifestation de tes désirs t'apportera, comme si c'était déjà une réalité ! Petite astuce : souris pendant que tu visualises. Utilise ton imagination comme le ferait un enfant.

Deuxièmement, la magie intuitive, c'est tout simplement apprendre à te faire confiance. Tu as l'impression que tu devrais changer un ingrédient d'un rituel ? Fais-le. Tu as envie de faire un rituel, mais la phase de la lune n'est pas celle recommandée ? Fais-le quand même ! Tu ne sais pas comment décorer ton autel ? Décore-le avec ce qui te fait vibrer ! Crois-moi, il est impossible de ne pas avoir d'intuition. Nous sommes tous nés avec cette faculté innée – nous avons seulement perdu la connexion. Plus tu pratiqueras, plus tu te feras confiance et plus tu verras que ton intuition se renforce. Le pouvoir est en toi !

Je te suggère aussi de prendre un moment pour te préparer avant de pratiquer un rituel. Tu n'as pas besoin de prévoir une grande cérémonie, sauf si tu en ressens le besoin. Prends simplement quelques minutes pour méditer avant de commencer, fais-toi couler un bon bain chaud, ou écoute ta musique préférée pour entrer dans un état de sérénité. L'important, c'est que tu sentes au plus profond de toi que c'est le bon moment et que tu prennes ce moment précieux pour toi.

Liste d'outils conseillés

Au fil de ton aventure magique, tu remarqueras que certains outils sont des incontournables de la pratique rituelle. Voici donc ma petite liste d'essentiels à avoir sous la main avant de plonger dans l'univers fascinant de la magie.

Les pastilles de charbon :

Ces petites merveilles te permettront de brûler doucement tes encens et herbes magiques. Tu peux les dénicher facilement dans une boutique ésotérique ou sur Amazon à petit prix.

Un récipient résistant à la chaleur :

Pour ma part, je suis fan des petits chaudrons en fonte. Pas besoin d'un énorme chaudron, un petit suffit pour brûler tes herbes et encens en toute sécurité. Je te conseille d'y ajouter un fond de sable pour y déposer ta pastille de charbon.

Quelques cristaux de base :

Feuillette ce livre et note quels cristaux pourraient t'être utiles. Tu peux en acquérir quelques-uns et les réutiliser d'un rituel à l'autre. Pour les purifier, laisse-les baigner dans la lumière de la pleine lune sur le rebord d'une fenêtre, ou dans un lit de sel de mer pendant 24 heures. Voici ma petite sélection de chouchous : Améthyste, Citrine, Quartz clair, Quartz Rose, Œil de Chat, Œil de Tigre, Obsidienne, Agate, Aventurine, Pierre de Soleil, Sélénite.

De petites bougies pour les rituels :

Plus grandes que des bougies d'anniversaire, mais plus petites que des bougies traditionnelles, ces chandelles sont parfaites pour tes rituels. Elles se consument en environ une heure, tu peux donc les laisser brûler jusqu'à la fin de ton rituel pour marquer sa clôture. Tu les trouveras facilement sur Amazon.

Un carnet pour noter tes résultats :

Il est important de compiler tes résultats. Ce petit carnet deviendra le journal intime de tes rituels et expériences, ton grimoire personnel ! Tu peux y noter toutes les modifications que tu apportes aux rituels. Si tu es plus à l'aise avec le numérique, tu peux utiliser ton ordinateur ou une tablette.

Si tu as la moindre question, n'hésite pas à me rejoindre sur les réseaux sociaux et sur mon site web. Tu y trouveras une mine d'informations et de conseils gratuits, ainsi que plusieurs des rituels présentés dans ce livre. J'ai hâte de partager cette aventure avec toi !

Site web : www.elysabel.com

YouTube : www.youtube.com/@elysabel

TikTok : www.tiktok.com/@elysabel.sorciere

Facebook : www.facebook.com/elysabel.sorciere

Instagram : www.instagram.com/elysabel.sorciere

Abondance

☽ 1 ☾

Pour ouvrir les portes à l'abondance financière.

Ce rituel est idéal pour réactiver l'abondance financière dans ta vie. Si par exemple tu es dans un creux financièrement, ou que des gens te doivent de l'argent, cette potion magique délicieuse permettra aux énergies de l'abondance de circuler à nouveau librement dans ta vie.

Le bon moment : quand tu en ressens le besoin !

Ingrédients et outils :

- Cinq mûres fraîches ou surgelées ;
- Trois feuilles de menthe fraîches ou séchées ;
- Trois feuilles de basilic fraîches ou séchées ;
- Un peu de sirop d'érable ou de miel ;
- Une tasse d'eau bouillante ;
- Une bougie verte.

Rituel :

Allume la bougie verte. Fais bouillir l'eau. Dépose tous les ingrédients, un à un dans l'eau bouillante en restant concentré·e sur ton intention. Laisse mijoter 15 minutes. Verse le tout dans une tasse en prenant soin de filtrer les ingrédients et de ne garder que l'infusion.

Bois tranquillement en répétant la formule magique suivante :

« Par cet instant, par cette potion, par cette intention
J'ouvre les portes à l'abondance financière.
Qu'il en soit ainsi. »

Laisse la bougie se consumer complètement.

) 2 (

Pour attirer la chance, l'argent et l'abondance

Si tu te sens coincé dans une spirale de manque ou si tu cherches simplement à attirer plus de prospérité dans ta vie, un rituel pour attirer la chance, l'argent et l'abondance pourrait être l'étincelle magique dont tu as besoin.

Le bon moment : pleine lune.

Ingrédients et outils :

- Trois petites bougies (une verte, une dorée et une blanche) ;
- Trois feuilles de basilic frais ou séché ;
- Trois feuilles de menthe fraîche ou séchée ;
- Un trèfle à quatre feuilles (si tu n'en trouve pas, tu peux toujours utiliser une représentation d'un trèfle à quatre feuilles, ou en découper un dans du papier vert) ;
- Une citrine ;
- Une aventurine ;
- Une pyrite ;
- Un bol ou une assiette pour y déposer les ingrédients ;
- Un papier et un stylo.

Rituel :

Trouve un espace calme et confortable pour effectuer le rituel. Prends quelques instants pour méditer et te centrer.

Dispose les trois bougies en triangle sur ton autel ou sur une table. La verte pour la pointe du haut, la dorée pour la pointe de droite et la blanche pour la pointe de gauche.

Ensuite, prends ta petite assiette ou ton bol et dépose-le au centre des bougies. Place les herbes dans le contenant en prenant soin de les disposer de manière harmonieuse et esthétique.

Maintenant, prends les cristaux et place-les à côté des bougies. L'aventurine avec la bougie verte, la pyrite avec la bougie dorée et la citrine avec la bougie jaune.

Allume les bougies en commençant par la verte, puis la dorée et enfin la blanche. En allumant chaque bougie, visualise l'énergie d'abondance, de la chance et de l'argent qui s'intensifie, comme une lumière de couleur verte qui envahit ton corps et ton esprit.

Récite la formule magique suivante :

« Par la puissance de la lune et la force de ces éléments,
J'invoque l'abondance, la chance et la prospérité.
Que cette énergie se manifeste dans ma vie
Et que l'univers entende mon appel.
Qu'il en soit ainsi. »

Prends un moment pour visualiser ces énergies se manifestant dans ta vie. Imagine-toi recevant de l'argent, des opportunités et de la chance sous différentes formes. Tu dois vraiment prendre le temps de bien voir toute l'abondance qui t'attend, tellement fort que cela doit te faire sourire !

Sur un morceau de papier, écris tout ce que tu souhaites attirer dans ta vie, sans limites. Plis le papier et place-le sous l'assiette ou le bol au centre des bougies.

Laisse les bougies brûler jusqu'à ce qu'elles s'éteignent d'elles-mêmes. Une fois les bougies éteintes, conserve les cristaux, les herbes et le papier dans un endroit sûr comme une boite ou une petite pochette.

Tu peux répéter ce rituel à chaque pleine lune ou nouvelle lune pour renforcer ta connexion à l'abondance !

☽ 3 ☾

Pour attirer la chance aux jeux de hasard

Un rituel peut être une manière puissante et intentionnelle d'attirer cette chance vers soi, en alignant tes énergies personnelles avec celles de l'univers pour maximiser tes chances de gagner.

Le bon moment : pleine lune.

Ingrédients et outils :

- Une bougie verte ;
- Un ruban doré ;
- Sept amandes.

Rituel :

Un soir de pleine lune allume la bougie verte. Prends le ruban doré et fais-y sept nœuds. À chaque nœud, mange une amande et prononce les paroles suivantes :

> *« Par le premier nœud, j'appelle la chance.*
> *Par le deuxième, je crois en cette chance.*
> *Par le troisième nœud, je gagne au jeu.*
> *Par le quatrième, j'appelle la richesse.*
> *Par le cinquième, je sais que je la mérite.*
> *Par le sixième nœud, je gagne toujours.*
> *Par le septième, je scelle ce rituel. Qu'il en soit ainsi. »*

Garde le ruban dans ton porte-monnaie !

☽ 4 ☾

Pour attirer l'abondance dans tous les aspects de ta vie

Si tu cherches à attirer l'abondance dans tous les aspects de ta vie – amour, santé, prospérité – ce rituel est pour toi. Il s'agit d'ouvrir les portes de l'univers et d'inviter la richesse sous toutes ses formes. Il utilise le pouvoir de l'eau.

Le bon moment : lune croissante.

Ingrédients et outils :

- De l'eau de source ou de pluie ;
- Un bol ;
- Du sel de mer ;
- Une bougie verte ;
- Un petit flacon en verre avec bouchon ;
- Huit pièces de monnaie ;
- De l'huile essentielle de pin (ou un autre conifère) ;
- Un bâton pour mélanger ;
- Une pierre d'agate de la couleur de ton choix (elle doit être assez petite pour s'insérer dans le flacon de verre).

Rituel :

Allume la bougie verte. Verse l'eau de source ou de pluie dans le bol. Ajoute une pincée de sel de mer pour purifier l'eau et renforcer son pouvoir attractif.

Ajoute quelques gouttes d'huile essentielle de pin dans l'eau. Le pin symbolise la prospérité et l'abondance.

Plonge le bâton dans l'eau et remue doucement pour mélanger les ingrédients. Visualise l'énergie de l'abondance se concentrant dans l'eau.

Place les pièces de monnaie et la pierre d'agate dans le flacon en verre.

Verse délicatement l'eau chargée d'énergie sur les objets dans le flacon, en récitant la formule magique suivante :

« Par la force de l'eau et de la lune croissante,
Que l'abondance dans ma vie soit grandissante.
Richesse, amour et succès, santé,
Je vous invite à entrer dans ma vie et à y rester.
Qu'il en soit ainsi. »

Ferme le flacon avec le bouchon et place-le dans un endroit visible et important pour toi, comme ton autel ou un coin spécial de ta maison. Laisse la bougie verte se consumer complètement. Tu peux asperger un peu de cette eau magique sur le rebord de ta porte d'entrée principale pour appeler l'abondance dans ta maison.

☽ 5 ☾

Pour recevoir des cadeaux et des surprises agréables

Qui ne veut pas recevoir de cadeaux et de surprises agréables ? Faire un rituel pour cela peut attirer des énergies positives, des opportunités inattendues et de la joie dans ta vie. C'est un moyen de dire à l'univers : « Je suis prêt·e à recevoir ! »

Le bon moment : quand tu en ressens le besoin !

Ingrédients et outils :

- Une bougie blanche ;
- De l'encens de jasmin ou de lavande ;
- Un petit morceau de papier ;
- Un stylo ;
- Un ruban vert ;
- Un récipient résistant au feu ;
- Un cristal de quartz.

Rituel :

Trouve un endroit calme et paisible où tu pourras effectuer ce rituel sans être dérangé·e. Assieds-toi confortablement et allume la bougie blanche et l'encens.

Prends quelques instants pour te détendre et te recentrer. Respire profondément et calmement, en te concentrant sur l'énergie qui circule en toi.

Sur le petit morceau de papier, écris le type de cadeau ou de surprise que tu souhaites recevoir. Cela peut être quelque chose de matériel, comme un objet que tu désires, ou quelque chose d'émotionnel, comme un geste d'amitié ou d'amour.

Plie le papier en deux et attache-le avec le ruban vert. Prends le cristal de quartz, place-le sur le papier plié pour amplifier l'énergie de ton intention.

Ferme les yeux et visualise l'énergie de la bougie et de l'encens se mêlant à ta propre énergie. Imagine cette énergie se concentrer autour du papier et du cristal formant une sphère lumineuse et scintillante.

Récite la formule magique suivante trois fois, en te concentrant sur ton intention :

« Univers, écoute ma demande
J'attire à moi les cadeaux désirés.
Que l'énergie circule et se répande
Pour que mon souhait soit exaucé.
Qu'il en soit ainsi. »

Lorsque tu as terminé, prends le papier et brûle-le dans le récipient résistant au feu. Disperse les cendres dans la nature pour libérer ton intention dans l'univers.

Tu peux éteindre la bougie et l'encens et ranger le cristal dans un endroit sûr. Garde foi en ton intention et sois attentif·ve aux signes et aux opportunités qui se présenteront à toi.

Reste ouvert·e aux surprises et aux manifestations inattendues de ton intention.

☽ 6 ☾

Pour trouver la propriété de tes rêves

Si tu te sens appelé à trouver un sanctuaire qui résonne avec ton âme, un rituel pour attirer la propriété de tes rêves peut être l'outil magique qui t'aidera à manifester ton havre de paix idéal.

Le bon moment : lune croissante ou pleine lune.

Ingrédients et outils :

- Un bol d'eau ;
- Des paillettes argentées ;
- Un petit morceau de papier ;
- Un stylo ;
- Une bougie blanche ;
- De l'encens de lavande ;
- Un sachet en tissu (de préférence vert) ;
- Une clé ancienne ou symbolique.

Rituel :

Allume la bougie blanche et l'encens de lavande.

Respire profondément et calmement, en te concentrant sur l'énergie qui circule en toi et autour de toi.

Sur le petit morceau de papier, écris les caractéristiques de la maison de tes rêves. Pense aux aspects importants pour toi, tels que l'emplacement, la taille, le style et toute autre caractéristique spécifique que tu souhaites.

Plonge le papier dans le bol d'eau et ajoute les paillettes argentées. Les paillettes représentent la lumière de la lune et renforcent l'énergie de ton intention.

Ferme les yeux et visualise la maison de tes rêves avec tous les détails que tu as notés. Imagine-toi vivant dans cette maison, ressentant la joie et le confort qu'elle t'apporte.

Récite la formule magique suivante :

« Par la lumière de la lune croissante
Que mon souhait soit entendu et grandissant.
Attire vers moi la maison que je désire
Pour y vivre, aimer et m'épanouir.
Qu'il en soit ainsi. »

Lorsque tu as terminé, retire délicatement le papier de l'eau et laisse-le sécher. Place le papier et la clé ancienne ou symbolique dans le sachet en tissu.

Accroche le sachet près de l'entrée de ton domicile actuel pour attirer l'énergie de la maison de tes rêves. Laisse la bougie blanche se consumer complètement.

☽ 7 ☾

Pour **vendre** ta propriété rapidement

Lorsque tu souhaites vendre ta propriété rapidement, un rituel peut aider à attirer les bonnes énergies et les acheteurs potentiels. C'est une manière intentionnelle et spirituelle de mettre en valeur ton désir de vente, tout en créant un espace accueillant pour les futurs propriétaires.

Le bon moment : nouvelle lune.

Ingrédients et outils :

- Une bouteille de verre bleue ;
- Quelques cuillères de sucre ;
- Une clé de la porte d'entrée de ta propriété.

Rituel :

Dépose la moitié du sucre dans la bouteille, puis la clé, puis le reste du sucre en disant les paroles suivantes :

« Ce sucre pour attirer les futurs propriétaires de cette clé.
Qu'ils viennent à moi, en toute confiance.
Qu'il en soit ainsi. »

Laisse la bouteille de verres dans la pièce où se trouve la porte d'entrée principale et attends ! J'ai expérimenté ce rituel et il fonctionne très bien !

☽ 8 ☾

Pour avoir des rentrées d'argent inattendues

Recevoir de l'argent comme par magie ? C'est possible grâce à ce rituel qui fait appel aux quatre éléments. Attention, il est complexe, mais drôlement puissant !

Le bon moment : pleine lune.

Ingrédients et outils :

- Une bougie verte (élément Feu) ;
- Un bol d'eau de pluie ou de source (élément Eau) ;
- De l'encens de cannelle (élément Air) ;
- Une cuillère de sel, de sable ou de terre (élément Terre) ;
- Un petit carré de papier ;
- Un stylo ;
- Un ruban doré ;
- Un sachet en tissus doré ou argenté (si tu n'en trouves pas, tu peux utiliser du tissu vert).

Rituel :

Assieds-toi confortablement et allume la bougie verte et l'encens de cannelle. Prends quelques minutes imaginer toutes les façons les plus folles de recevoir de l'argent.

Sur le carré de papier, écris :

« Je suis ouvert·e à recevoir des rentrées d'argent inattendues et imprévues. Que la prospérité abonde dans ma vie. »

Plis le papier et attache-le avec le ruban doré. Dépose-le ensuite dans le sachet en tissu. Place le sel, le sable ou la terre dans le sachet, en récitant la formule magique suivante :

« Éléments, j'invoque votre force.
Que l'argent trouve son chemin vers moi.
Prospérité et richesse, je vous accueille avec joie.
Que mes besoins soient comblés,
Que mes yeux en soient témoins. »

Ferme le sachet, tiens-le au-dessus de la bougie verte et dis :

« Toi le Feu,
Donne à mon sortilège le pouvoir de régénérer de l'argent frais jour après jour dans ma vie »

Tiens-le maintenant au-dessus de l'encens et dis :

« Toi l'Air,
Je te demande de rendre l'argent léger en mon cœur,
Pour qu'elle circule librement »

Ensuite, tiens-le au-dessus du bol d'eau et dis :

« Toi l'Eau
Laisse couler l'argent comme de l'eau dans ma vie ».

Termine en tenant le sachet contre ton cœur et dis :

« Et toi la Terre,
Enracine ce sortilège pour que cette nouvelle façon de
vivre soit intégrée à ma vie à tout jamais.
Qu'il en soit ainsi. »

Place le sachet dans ton portefeuille, ton sac à main ou tout autre endroit où tu gardes habituellement ton argent.

Laisse la bougie verte se consumer complètement et garde l'encens allumé jusqu'à ce qu'il se consume naturellement.

Sois attentif·ve aux signes et aux opportunités qui se présenteront à toi. Reste ouvert·e aux surprises et aux manifestations inattendues de ton intention.

☽ 9 ☾

Amulette de réussite professionnelle

Cette amulette à porter sur toi sans retenue permet de réussir professionnellement en obtenant par exemple des promotions, ou de nouvelles opportunités professionnelles.

Le bon moment : lune croissante, idéalement un jeudi.

Ingrédients et outils :

- Un petit sachet vert ;
- Sept feuilles de trèfle ;
- Une pierre de soleil ;
- Une pièce de monnaie.

Rituel :

Dépose tous les ingrédients dans le petit sachet vert en visualisant ta réussite idéale.

Referme le sachet en prononçant la formule magique suivante :

« Par le pouvoir de Jupiter et du soleil,
Je demande à l'énergie de l'univers
De me guider vers les succès
Et de m'ouvrir les yeux sur la façon d'y arriver.
Qu'il en soit ainsi. »

Garde le sachet sur toi lorsque tu seras au travail.

☽ 10 ☾

Pour trouver l'emploi de tes rêves

Ton cœur aspire à un travail qui te passionne vraiment ? Un rituel pourrait être l'impulsion magique pour y arriver. Il t'aidera à aligner tes énergies avec celles de l'univers, attirant ainsi l'emploi de tes rêves dans ta réalité !

Le bon moment : pleine lune.

Ingrédients et outils :

- Trois feuilles de laurier séchées ;
- Un marqueur argenté ou doré (ou un stylo) ;
- Une enveloppe verte ;
- De l'huile essentielle de basilic ;
- Un miroir ;
- Une bougie verte ;
- Du romarin séché.

Rituel :

Assieds-toi confortablement et allume la bougie verte.

Sur chaque feuille de laurier séchée, écris à l'aide du marqueur argenté ou doré un aspect de l'emploi de tes rêves. Par exemple, l'une des feuilles pourrait représenter le salaire souhaité, une autre le domaine d'activité, et la dernière, les conditions de travail.

Place les feuilles de laurier dans l'enveloppe verte. Ajoute quelques gouttes d'huile essentielle de basilic et le romarin à l'intérieur de l'enveloppe pour renforcer l'énergie de ton intention.

Ferme l'enveloppe et tiens-la devant toi. Regarde-toi dans le miroir, visualise-toi dans l'emploi de tes rêves, ressentant la satisfaction et l'épanouissement qu'il t'apporte.

Récite la formule magique suivante trois fois, en te concentrant sur ton intention :

> « Par cette magie que je crée
> Univers, entends mon souhait énoncé.
> Que l'emploi de mes rêves soit à ma portée
> Et que mon destin soit ainsi tracé.
> Qu'il en soit ainsi »

Place l'enveloppe dans un endroit sûr où tu pourras la voir régulièrement, par exemple sur ton autel ou près de ton lit. Laisse la bougie verte se consumer complètement.

Chaque jour pendant cinq jours, prends quelques instants pour visualiser ton intention et répète l'incantation une fois. Sois attentif·ve aux signes et aux opportunités qui se présenteront à toi.

☽ 11 ☾

Pour trouver un nouvel emploi

Lorsqu'on cherche un nouvel emploi, il peut être facile de se sentir dépassé, anxieux ou découragé. Ce rituel est conçu pour t'aider à te centrer, à clarifier tes intentions et à attirer l'énergie positive nécessaire pour trouver le poste parfait.

Le bon moment : lune croissante.

Ingrédients et outils :

- Une bougie orange ;
- Un morceau de papier et un stylo ;
- Du basilic séché ;
- Une pierre de citrine.

Rituel :

Commence par allumer la bougie orange et place la pierre de citrine devant elle.

Sur le morceau de papier, écris clairement ce que tu recherches dans ton nouvel emploi. Sois aussi précis que possible.

Saupoudre le basilic sur le papier en visualisant l'énergie de la prospérité imprégner tes intentions. Plie le papier et place-le sous la pierre de citrine.

Dis la formule magique suivante :

« Par la lumière de la lune croissante,
J'attire à moi l'emploi parfait qui correspond à mes
talents et à mes passions.
Que les portes s'ouvrent,
Que les opportunités affluent.
Qu'il en soit ainsi. »

Laisse la bougie se consumer complètement. Garde le papier et la citrine avec toi jusqu'à ce que tu déniches ton nouvel emploi.

Laisse la bougie orange se consumer complètement et garde l'encens allumé jusqu'à ce qu'il se consume naturellement.

Sois attentif·ve aux signes et aux opportunités qui se présenteront à toi. Tu auras sous peu de nouvelles offres qui te seront proposées !

☽ 12 ☾

Pour te débarrasser de tes dettes

Les dettes peuvent causer beaucoup de soucis et d'anxiété. Ce rituel te permettra de trouver les solutions et les moyens financiers de régler tes dettes une fois pour toutes.

Le bon moment : pleine lune.

Ingrédients et outils :

- Un billet de banque (le montant n'est pas important, mais tu devras le dépenser en entier à la fin du rituel) ;
- Une enveloppe verte ;
- Une feuille de papier ;
- Une cuillère de poivre de la Jamaïque ;
- Une bougie argentée.

Rituel :

Allume la bougie argentée et écris sur la feuille de papier le montant total de tes dettes. Sois aussi précis·e que possible. Dépose la feuille de papier dans l'enveloppe verte et scelle-la. Enterre l'enveloppe en récitant la formule magique suivante :

« Terre, je t'invoque,
Dans le sol, j'enterre mes dettes,
Pour qu'elles se règlent et jamais ne reviennent. »

Prends le billet de banque et secoue-le au vent de la

main droite en récitant la phrase suivante :

« Air, je t'invoque,
L'argent tombe du ciel
Et dès maintenant il sera toujours en abondance dans
ma vie. »

Prends le poivre de la Jamaïque et jettes-en une partie aux quatre vents en disant :

« Par le ciel »

puis dépose le reste du poivre au sol à l'endroit où est enterrée ton enveloppe en disant :

« Et la terre,
Qu'il en soit ainsi. »

Empresse-toi d'aller dépenser ton billet de banque pour sceller le sortilège.

☽ 13 ☾

Poudre d'abondance

Si tu cherches à attirer plus d'abondances dans ta vie, pourquoi ne pas essayer de créer une poudre d'abondance ? En mélangeant les bons ingrédients, tu peux concocter une poudre qui attire la prospérité. C'est comme une poudre de perlimpinpin nouveau genre !

Le bon moment : lune croissante.

Ingrédients et outils :

- Trois amandes ;
- Une cuillère de basilic séché ;
- Une cuillère de menthe séchée ;
- Une cuillère de cannelle en poudre ;
- Une cuillère de muscade en poudre ;
- De l'encens de patchouli.

Rituel :

Allume l'encens et place tous les ingrédients dans un bol. À l'aide d'un pilon, réduis en poudre très fine les ingrédients en récitant la formule magique suivante :

« Par cette poudre d'abondance,
J'attire la chance.
Par cette poudre magique,
J'attire à moi tout ce qu'il y a de plus magnifique.
Dès à présent, j'ai de l'argent.
Ma vie est joie, aisance et abondance.
Qu'il en soit ainsi. »

Souffle un peu de poudre dans les airs et saupoudres-en un eu dans ton lit, dans ton porte-monnaie, ton sac à main, etc. Lorsque tu saupoudres, fais-le avec joie et légèreté, comme si ta main était guidée par les fées. Tu peux recréer de la nouvelle poudre magique tous les mois et recommencer le processus !

☽ 14 ☾

Spell jar de prospérité

Un spell jar peut être une façon puissante de canaliser les énergies de prospérité. C'est comme mettre en bouteille tes intentions les plus profondes pour la richesse et le succès. Prêt à essayer ? Une bouteille à garder bien en vue pour attirer la prospérité financière !

Le bon moment : lune croissante, un jeudi idéalement.

Ingrédients et outils :

- Une bouteille ou un pot de couleur verte en verre ;
- Sept pièces de 10 cents ;
- Sept feuilles de basilic fraîches ou séchées ;
- Sept pincées de flocons d'avoine ;
- Sept pincées de graines de lin ;
- Sept clous de girofle ;
- Sept amandes.

Rituel :

Dépose délicatement tous les ingrédients, un par un dans le pot ou la bouteille en pensant très fort à la prospérité. Ferme la bouteille ou le pot et brasse-le vigoureusement en répétant sept fois :

« Herbes, monnaie, graines et noix,
Mélangez-vous et créez pour moi,
La prospérité en tout point.
Qu'il en soit ainsi. »

Conserve ta bouteille en hauteur et jettes-y un coup d'œil tous les jours. Tu peux aussi l'agiter pour l'activer. J'ai encore la mienne qui date d'une dizaine d'années !

☽ 15 ☾

Pour favoriser la fin d'une dispute

Ce rituel permet de mettre fin aux disputes entre deux ou plusieurs personnes. Il se base entre autres sur la pratique des échelles de sorcière. Tu peux le faire pour toi et/ou pour d'autres personnes, à condition que la situation t'affecte directement.

Le bon moment : nouvelle lune.

Ingrédients et outils :

- Un ruban blanc d'environ un mètre de longueur ;
- Une bougie blanche ;
- De l'encens de rose.

Rituel :

Allume la bougie blanche et l'encens. Prends quelques instants pour te détendre et te concentrer sur ton intention : apaiser les tensions et mettre fin aux disputes entre les personnes concernées. Visualise une lumière blanche enveloppant chacun des individus et dissipant les énergies négatives.

Prends le ruban blanc et tiens-le devant toi. Récite cette formule :

« Énergie universelle, guide-moi.
Aide-moi à tisser les liens d'harmonie.
Que ces nœuds scellent la paix retrouvée et que les disputes s'évanouissent dans la nuit. »

Commence à faire des nœuds sur le ruban blanc en pensant à chaque personne concernée par ce rituel. Fais plusieurs nœuds pour chacune des personnes concernées. Pour chaque nœud, répète les mots suivants :

« Par ce nœud, je scelle l'entente,
Que l'amour et la compréhension règnent. »

Continue à faire des nœuds, en les espaçant régulièrement sur le ruban ou la corde, jusqu'à ce que tu aies atteint le bout de la corde. Lorsque tu as terminé, tiens le ruban noué devant la bougie blanche et dis :

« Énergie universelle, bénis ces liens.
Qu'ils soient porteurs de paix et d'harmonie.
Que les disputes s'évanouissent
Et que l'amour et l'amitié se renouent.
Qu'il en soit ainsi. »

Laisse la bougie et l'encens se consumer complètement pour sceller le rituel. Conserve le ruban noué dans un endroit sûr.

☽ 16 ☾

Pour susciter des amitiés et de nouvelles rencontres

Pas toujours évident de nos jours de se faire des amis·es. Dans un monde où tout est virtuel, ce rituel te permettra de te connecter à de nouvelles personnes et de développer de belles relations.

Le bon moment : ce rituel s'exécute en plein jour, idéalement autour de midi.

Ingrédients et outils :

- Du basilic séché ;
- Du romarin séché ;
- Une représentation d'un soleil (une breloque, un dessin, un bijou ou toute autre représentation que tu juges pertinente) ;
- Une bougie jaune.

Rituel :

Dépose la représentation du soleil devant toi. Mets la bougie jaune en haut de la représentation et allume-la. Prends une pincée de basilic et de romarin et dépose-les au creux de ta main pour les mélanger. Saupoudre-les en cercle autour de ta représentation solaire et dis :

« Soleil brillant, basilic et romarin,
Par ce cercle d'amitié, je m'ouvre au monde.
J'attire à moi des personnes bienveillantes et
authentiques,
Des rencontres chaleureuses et sincères.
Que le soleil me guide et éclaire mon chemin.
Qu'il en soit ainsi. »

Souffle la bougie. Récupère les herbes et sors les disperser aux quatre vents. Tu peux conserver la représentation solaire ou en disposer.

Sois attentif·ve et ouvert·e aux personnes que tu croiseras dans les prochains jours. Certaines auront sûrement l'intention d'en savoir plus sur toi !

☽ 17 ☾

Spell jar d'amitié

Cette bouteille te permettra de consolider de solides amitiés et de rencontrer de nouveaux amis fidèles et sincères.

Le bon moment : pleine lune.

Ingrédients et outils :

- Un pot Mason ou un autre récipient assez grand pour y insérer tes coquillages ;
- Une bougie rose ;
- Un bout de papier ;
- Un crayon qui écrit en rose ;
- De l'encens de lavande ou des fleurs de lavande séchées (pour les fleurs de lavande, utiliser une pastille de charbon et un récipient résistant à la chaleur) ;
- Une plume ;
- Du sable ;
- Deux coquillages (des coquillages, huitres, moules ou coquilles de palourdes).

Rituel :

Allume la bougie rose. Inscris avec ton crayon ou ton style rose le texte suivant sur le bout de papier :

« J'invoque le pouvoir de la lune,

Brillante dans le ciel nocturne,
Afin qu'elle m'apporte l'amitié,
Pour qu'à leurs yeux je puisse briller. »

Glisse le bout de papier dans le pot. Insères-y ensuite la plume. Tout en remplissant doucement la bouteille avec du sable, concentre-toi très fort sur ton souhait. Visualise les amis que tu souhaites rencontrer.

Ferme le pot et scelle-le avec la cire de la bougie rose. Tu peux conserver ce spell jar dans ta chambre ou dans ta voiture.

☾ 18 ☽

Pour attirer l'âme sœur en amitié

Ce rituel est parfait si tu te sens prêt à accueillir une nouvelle amitié qui résonne avec ton âme. Que tu cherches quelqu'un qui partage tes passions, comprend ta perspective de vie ou est simplement là pour toi dans les bons et les mauvais moments, ce rituel peut t'aider à attirer cette connexion spéciale.

Le bon moment : pleine lune.

Ingrédients et outils :

- Une bougie rose ;
- Une bougie jaune ;
- De l'encens de lavande ;
- Un œillet rose.

Rituel :

Allume la bougie rose et dis :

> « Cette lueur pour t'attirer à moi. »

Allume la bougie jaune et dite :

> « Cette lueur pour favoriser notre communication »,

Allume l'encens de lavande et dit :

> « Cette fragrance pour la douceur de notre relation »

Prends l'œillet rose dans tes mains et porte-le à ton cœur en disant :

> *« Cette fleur pour que notre amitié s'épanouisse et perdure dans le temps.*
> *Qu'il en soit ainsi. »*

Laisse les bougies se consumer complètement avec l'encens et médite sur l'amitié, sur les moments que tu partageras avec ton ou ta nouvel·le ami·e. Tu rencontreras quelqu'un avant la prochaine pleine lune !

☽ 19 ☾

Pour rêver de l'âme sœur

Le pouvoir des rêves est infini. Ce petit rituel permet de rêver de ton âme sœur. Peut-être y découvriras-tu une personne que tu ne connais pas encore !

Le bon moment : lune décroissante ou nouvelle lune.

Ingrédients et outils :

- Une bougie violette ;
- Une bougie rouge ;
- De l'encens de jasmin ;
- Trois plumes blanches ;
- Un petit miroir ;
- Un quartz rose ;
- Ton oreiller.

Rituel :

Allume la bougie violette, puis la bougie rouge et l'encens de jasmin.

Dispose les trois plumes en triangle sur une surface plane, avec le quartz rose au centre. Le triangle symbolise la connexion entre toi, ton âme sœur et l'univers.

Place le petit miroir devant toi et derrière le triangle de plumes, de manière à refléter les plumes et le quartz rose. Le miroir agit comme un portail vers les rêves et les dimensions spirituelles.

Ferme les yeux et visualise l'énergie de l'amour circulant entre toi et ton âme sœur, formant un lien puissant qui traverse le temps et l'espace. Attention – tu dois visualiser un être de lumière et non pas une personne en particulier !

Récite la formule suivante trois fois, en te concentrant sur ton intention :

> *« Énergie de la nuit noire*
> *Guidée par les plumes*
> *Révèle à mon cœur mon âme sœur.*
> *Dans mes rêves, je souhaite voir,*
> *La personne qui partagera ma vie et mes espoirs.*
> *Qu'il en soit ainsi. »*

Laisse la bougie violette, la bougie rouge et l'encens se consumer pendant que tu t'endors, en veillant à respecter les consignes de sécurité. Place le miroir, les plumes et le quartz rose sous ton oreiller ou à l'intérieur de ta taie d'oreiller avant de dormir.

Chaque nuit, avant de t'endormir, prends quelques instants pour te concentrer sur ton intention. Sois attentif·ve aux rêves qui se présenteront à toi et note-les au réveil.

☽ 20 ☾

Bain magique pour attirer l'âme sœur en amour

Quoi de mieux pour se détendre et prendre le temps de penser à l'amour qu'un bon bain chaud. Ce rituel favorisera l'arrivée de l'âme sœur dans ta vie, tout en te permettant de prendre du temps pour toi.

Le bon moment : lune croissante.

Ingrédients et outils :

- Cinq boutons de marguerite frais ou séché ;
- Cinq pétales de rose ;
- Une branche de thym ;
- Quelques fleurs de violette ou de lilas fraîches ou séchées ;
- Un litre d'eau de source.

Rituel :

Dépose tous les ingrédients dans ton eau de source et fais bouillir pendant quinze minutes pour créer une eau parfumée et magique. Brasse doucement le mélange pendant qu'il bout en répétant la formule magique suivante :

« Herbes et fleurs magiques, que vos effluves voyagent et attirent à moi la personne qui m'est destinée.
Qu'il en soit ainsi. »

Passe le mélange au tamis et jette les herbes. Conserve l'eau au frigo dans un pot fermé hermétiquement.

Ajoute environ une tasse de cette infusion à l'eau de ton bain pendant trois jours consécutifs. Lorsque tu prendras tes bains magiques, prends le temps de méditer sur ta vision de l'âme sœur. Tu peux aussi allumer des bougies roses et mettre de la musique douce et romantique !

☽ 21 ☾

Potion magique pour se rendre irrésistible

Il arrive parfois qu'on se trouve moche, qu'on ait l'impression que les gens nous regardent avec jugement. Ce rituel changera la vision que tu portes sur toi et par le fait même, la façon dont les gens te regardent.

Le bon moment : pleine lune.

Ingrédients et outils :

- Une pincée de romarin ;
- Une cuillère de thé Oolong ;
- Neuf boutons de grande camomille ;
- Une cuillère de miel.

Rituel :

Fais bouillir une tasse et demie d'eau de source et laisse infuser les ingrédients pendant cinq à sept minutes.

Un soir de pleine lune, place-toi devant une fenêtre et récite la formule magique suivante :

« Lumière de lune,
Illumine mon âme alors que je bois cette potion »

Bois quelques gorgées de ta potion et dis :

« Que ta clarté diffuse toute ma beauté,
Intérieure comme extérieure,
Qu'aux yeux de tous je sois irrésistible,
Qu'il en soit ainsi. »

Demain matin à ton réveil, prends le temps de choisir un vêtement qui te plait et prends soin de ton apparence. Tu peux même te parfumer ! Souris à ton reflet dans le miroir et sors à la conquête du monde !

☽ 22 ☾

Pour guérir un cœur en peine d'amour

Les peines d'amour sont possiblement une des pires choses qui puissent nous arriver dans la vie. Il est vrai que le temps arrange les choses (même si on n'aime pas l'entendre), mais un petit coup de pouce magique pour accélérer les choses ne fait pas de mal !

Le bon moment : nouvelle lune.

Ingrédients et outils :

- Une bougie bleue ;
- De l'encens de vanille ;
- Un petit pot de miel ;
- Quelques brins de lavande séchée ;
- Un quartz rose ;
- Un morceau de tissu blanc ou bleu clair ;

Rituel :

Allume la bougie bleue et l'encens de vanille.

Prends quelques instants pour te détendre et te recentrer.

Dispose les brins de lavande séchée en forme de cœur sur le tissu. La lavande symbolise la paix et la sérénité.

Place le quartz rose au centre du cœur de lavande. Ce cristal est connu pour ses propriétés apaisantes et réparatrices pour le cœur.

Verse délicatement du miel sur les brins de lavande et le quartz rose, en récitant la formule suivante :

« Lune noire, énergie du renouveau,
Apportez-moi la guérison.
Que mon cœur blessé retrouve sa raison.
Miel et lavande, douceur et sérénité,
Quartz rose, aide-moi à me libérer.
Qu'il en soit ainsi. »

Enveloppe le cœur de lavande, le miel et le quartz rose dans le morceau de tissu.

Ferme les yeux et visualise l'énergie apaisante et guérissante de la lune, du miel, de la lavande et du quartz rose pénétrant ton cœur et dissipant la douleur.

Laisse la bougie bleue et l'encens de vanille se consumer complètement. Pendant ce temps, accorde-toi un moment pour réfléchir aux côtés positifs de cette rupture. Cela peut sembler impossible, mais pense par exemple à ta liberté retrouvée, aux côtés sombres de ta relation, à ton cœur qui se libère.

Garde le tissu enveloppant le cœur de lavande, le miel et le quartz rose près de toi, par exemple sur ta table de chevet ou sur ton autel, jusqu'à ce que tu te sentes prêt·e à libérer les énergies absorbées.

Lorsque tu te sentiras prêt·e, enterre les restes du rituel (lavande, miel, quartz rose et tissu) dans la terre pour libérer définitivement les énergies négatives.

☽ 23 ☾

Pour aller de l'avant après la fin d'une relation amoureuse

Ah, le cœur brisé... un chemin que nous avons tous parcouru. Faire un rituel pour avancer après une rupture amoureuse peut t'aider à guérir, à libérer les énergies négatives et à ouvrir ton cœur à de nouvelles possibilités. C'est un acte d'amour envers toi-même pour trouver la paix et le renouveau.

Le bon moment : nouvelle lune ou un mardi.

Ingrédients et outils :

- Une bougie orange ;
- Une bougie noire ;
- De l'encens de bois de santal ;
- Un récipient pour brûler tes herbes ;
- Une branche de cèdre ;
- Un morceau de papier sur lequel tu inscriras le nom de la personne qui t'a brisé le cœur.

Rituel :

Allume la bougie noire et l'encens. Dépose un peu de cèdre dans ton récipient. Prends le morceau de papier et allume un coin. Dépose le morceau de papier dans le récipient et ajoute le reste du cèdre. Laisse brûler et dis avec conviction et sérénité la phrase suivante :

« Je t'ai aimé, nous nous sommes quittés

Nos cœurs ne battaient plus la mesure.
Nos âmes n'étaient pas sœurs.
Je t'ai pleuré, mais c'est terminé.
Qu'il en soit ainsi. »

Regarde les herbes et le papier se consumer complètement. Une fois que c'est terminé, allume la bougie orange en signe de renouveau et laisse-la brûler jusqu'au bout.

☽ 24 ☾

Pour lâcher prise sur une relation et passer à autre chose

Ce petit rituel permet de passer à autre chose dans tout type de relation. Qui que soit la personne qui t'a laissé tomber (amour, ami·e, famille), ton cœur sera rapidement apaisé et tu seras en mesure d'aller de l'avant. Tu ne l'oublieras pas, mais le poids de la relation te quittera.

Le bon moment : nouvelle lune.

Ingrédients et outils :

- Une bougie blanche ;
- Une bougie noire ;
- De la sauge ou du cèdre pour faire brûler ;
- Un petit récipient résistant au feu pour faire brûler les herbes ;
- Une photo de la personne (si tu n'as pas de photo, tu peux écrire son nom sur un petit bout de papier) ;
- Une pastille de charbon.

Rituel :

Avant de débuter le rituel, tu peux prendre le temps de pleurer ta relation perdue afin d'en libérer les énergies résiduelles.

Allume la bougie noire. Allume la pastille de charbon

dans le récipient. Dépose la moitié de la sauge et du cèdre sur la pastille pour commencer à faire brûler les herbes.

Prends la photo ou le bout de papier et fait prendre un coin en feu. Laisse-le ensuite tomber dans le récipient avec les herbes et dépose par-dessus l'autre moitié de la sauge et du cèdre.

Regarde la fumée et dis trois fois les paroles suivantes :

« *Notre relation n'est plus,*
De mon cœur je t'extirpe.
Je t'aimerai toujours,
Mais je nous libère maintenant avec amour,
Pour ton bien et le mien.
Qu'il en soit ainsi. »

Souffle la bougie noire et allume la bougie blanche en signe de renouveau. Laisse les herbes et la photo ou le bout de papier se consumer complètement et visualise une douce lumière rose qui envahit ton cœur.

☽ 25 ☾

Pour trouver le courage de quitter une relation toxique

Parfois, nous vivons des relations qui malgré tous nos efforts deviennent toxiques avec le temps. Il n'est pas toujours évident de quitter ce type de relation, souvent par peur ou par pitié pour l'autre personne. Il est maintenant temps de prendre soin de toi et de mettre fin à cette relation grâce à ce rituel.

Le bon moment : lune décroissante.

Ingrédients et outils :

- Un œil de tigre (pierre) ;
- Du thym séché ou frais ;
- Une bougie blanche ;
- Un ruban noir ;
- Une paire de ciseaux.

Rituel :

Allume la bougie blanche et prends le temps de te remplir de lumière blanche qui purifie toutes les énergies négatives.

Prends l'œil de tigre dans ta main et ressens son énergie. Dans les temps anciens, cette pierre était intégrée dans les boucliers des chevaliers pour les protéger et leur donner du courage. Récite ensuite cette formule magique :

« Œil de tigre, donne-moi le courage,
De quitter ce qui ne me sert plus,
Et d'embrasser le changement avec force. »

Prends du thym et saupoudre-le autour de la bougie blanche en formant un cercle. Imagine alors que tu construis un mur de protection autour de toi. Récite ces paroles :

« Herbe sacrée, purifie et protège,
Donne-moi le courage de prendre soin de moi,
Que je puisse avancer avec détermination,
Et laisser ce qui m'empoisonne »

Maintenant, prends le ruban noir et coupe-le puis termine en disant :

« Je coupe ce lien toxique
Avec amour pour moi et confiance absolue.
Qu'il en soit ainsi. »

Prends quelques minutes pour te ressourcer et regarder la bougie se consumer. D'ici quelques jours, tu trouveras le courage de quitter la relation qui t'embête, qu'elle soit amoureuse, familiale, professionnelle ou amicale.

☽ 26 ☾

Pour faciliter une rupture

Mettre un terme à une relation représente souvent un défi, surtout lorsque des enfants sont impliqués. Ce rituel t'aidera à terminer la relation en toute sérénité, tout en préservant le meilleur de celle-ci.

Le bon moment : lune croissante, un lundi.

Ingrédients et outils :

- Une bougie blanche ;
- Une bougie bleue ;
- Une bougie rose.

Rituel :

Allume la bougie bleue et dis :

> *« Le bleu pour la communication, afin que nous puissions nous exprimer en toute confiance. »*

Allume la bougie rose et dis :

> *« Le rose pour l'amitié, afin que nous préservions dans le respect ce qui reste de notre relation. »*

Allume la bougie blanche et dis :

> *« Le blanc pour le renouveau, afin que nous acceptions de cheminer chacun de notre côté. Qu'il en soit ainsi. »*

Laisse se consumer les bougies entièrement tout en pensant aux bons moments que tu as eus avec ton ou ta partenaire.

L'atmosphère devrait se détendre dans les prochains jours et vous trouverez les bons mots pour vous exprimer librement et en toute confiance.

☽ 27 ☾

Pour savoir qui est amoureux·se de toi

Ce rituel utilise ton pouvoir de visualisation et ceux de la lune et de l'eau. Tu dois être parfaitement concentré·e et objectif·ve afin de ne pas laisser ton esprit être influencé par tes désirs! Laisse ton cœur s'ouvrir aux belles surprises.

Le bon moment : lune croissante.

Ingrédients et outils :

- Une bougie blanche ;
- Une coupe d'eau ;
- Un petit miroir ;
- Toutes les lettres de l'alphabet, dessinées sur des bouts de papier ;
- Une pochette (pour tirer les lettres).

Rituel :

Prépare le rituel en t'assurant que tu as toutes les lettres de l'alphabet écrites sur des bouts de papier, découpées et prêtes à être pigées dans une petite pochette.

Allume la bougie blanche et place le miroir à gauche de celle-ci et la coupe d'eau à droite.

Assieds-toi confortablement face à la bougie et au miroir. Prends quelques minutes pour te détendre et te concentrer sur ta respiration. Laisse ton esprit se vider de toutes pensées parasites.

Une fois que tu te sens apaisé·e, passe tes mains au-dessus de la coupelle d'eau en visualisant une lumière blanche qui purifie l'eau. Récite ensuite ces paroles :

« Eau sacrée,
Purifie mon esprit.
Qu'il soit libre de tout doute, de toute crainte.
Que l'amour véritable se révèle à moi
Dans la lumière de la lune croissante. »

Regarde-toi dans le miroir en te concentrant sur ton reflet. Imagine que ton image reflète l'énergie de l'amour qui t'entoure. Ferme les yeux et prononce ces mots :

« Lune croissante, guide-moi.
Révèle-moi l'amour qui se cache dans l'ombre
Et fais briller la lumière sur celui ou celle qui m'aime.
Qu'il ou elle apparaisse à moi,
Dans la pureté de mon cœur et dans mes songes.
Qu'il en soit ainsi. »

Ouvre les yeux et bois la coupe d'eau. Pige trois lettres et place-les sur le miroir de sorte que tu les vois. Ces trois lettres font partie du nom et prénom de la personne qui t'est destinée.

Regarde à nouveau dans le miroir. Laisse ton intuition te guider et sois attentif·ve aux images, aux noms ou aux sensations qui te viennent à l'esprit. Ce sont les indices qui te révèlent qui est amoureux de toi.

Une fois le rituel terminé, souffle la bougie et remercie la lune pour sa guidance. Prends le temps de méditer sur les informations reçues et laisse-toi guider par ton intuition pour approfondir ta compréhension de l'amour qui t'est destiné.

Surveille aussi tes rêves des trois prochaines nuits, car la personne risque de s'y manifester !

☽ 28 ☾

Pour susciter la passion sexuelle entre deux personnes consentantes

Quand la routine s'installe dans la vie de deux personnes, cette potion magique promet d'y mettre un peu de piquant !

Le bon moment : pleine lune.

Ingrédients et outils :

- Une tasse d'eau de source ;
- Deux cuillères de miel ;
- Une cuillère de cannelle en poudre ;
- Une demi-cuillère de gingembre frais râpé ;
- Une demi-cuillère d'eau de rose comestible (tu peux en trouver en épicerie assez facilement.) ;
- Une bougie rouge.

Rituel :

Place tous les ingrédients devant toi sur une table ou un autel. Allume la bougie rouge pour symboliser la passion et l'amour. Prends quelques minutes pour te détendre et te concentrer sur ton intention. Visualise-toi et l'autre personne concernée par ce rituel et imagine l'énergie de la passion les entourant. Récite ensuite cette formule magique :

« Pleine lune, source d'énergie et de passion,
Je t'invoque en cette nuit sacrée.
Que ta lumière baigne ces ingrédients, et qu'ils
deviennent symbole de passion ardente et de désir. »

Verse l'eau de source dans une casserole et ajoute l'eau de rose. Ajoute le miel, la cannelle et le gingembre frais râpé. Fais chauffer à feu doux en remuant doucement. Visualise l'énergie sexuelle, la passion, l'amour et le désir se mêlant aux ingrédients. Récite ces paroles :

« Eau de rose, miel, cannelle et gingembre,
Symboles d'amour, de désir et de chaleur,
Unissez-vous et créez cette potion pour attiser la
passion. Qu'il en soit ainsi. »

Retire la casserole du feu et filtre l'eau pour retirer ce qui ne s'est pas dilué.

Laisse la potion reposer pendant quelques minutes, puis verse-la dans un flacon ou une bouteille propre. Conserve-la au réfrigérateur jusqu'à ce qu'elle soit prête à être utilisée. Tu peux aussi la consommer tout de suite, si tu es prêt·e.

Pour utiliser la potion, toi et l'autre personne devez boire une petite quantité chacune, par exemple en la diluant dans une boisson chaude ou en prenant une gorgée directement à la bouteille. La potion agira comme un catalyseur, aidant à susciter la passion sexuelle entre elles.

Si tu es en couple et que tu crains que l'autre personne te juge, tu peux simplement lui offrir dans un breuvage chaud et laisser la magie opérer.

N'oublie pas que le respect du libre arbitre et du

consentement de l'autre personne concernée est primordial. Utilise cette potion avec sagesse et responsabilité, et laisse-toi guider par l'amour et le respect mutuel.

Tu ne dois en aucun temps utiliser cette potion pour forcer une autre personne à avoir un rapprochement physique avec toi.

☽ 29 ☾

Pour trouver le-la partenaire idéal·e

Ce rituel te permettra de te connecter avec les énergies universelles et d'attirer l'harmonie romantique qui correspond à tes désirs les plus profonds.

Le bon moment : peu importe, mais les résultats sont meilleurs si tu fais ce rituel la journée de la Saint-Valentin ou un vendredi.

Ingrédients et outils :

- Quelques semences de pensées ;
- Un petit pot de terre cuite ;
- Un peu de terre ;
- Un bout de papier sur lequel tu écriras ton nom ;
- Quelques-uns de tes cheveux ;
- Un sachet de tissu rouge.

Rituel :

Place le papier sur lequel tu as écrit ton nom dans le fond du pot de terre cuite et enterre-le avec la terre. Plante les semences de violette et arrose-les délicatement. Dispose quelques-uns de tes cheveux sur le dessus de la terre. Prends le pot dans tes mains et concentre-toi. Dis à voix haute la formule suivante :

« Fleurs de pensées,
Déployez-vous en même temps que l'amour.
Guidez vers moi la personne qui m'est destinée et qui
me comblera de bonheur, qu'il en soit ainsi.

Entretiens ta plante avec amour. Lorsque les fleurs sortiront dans quelques semaines, coupes-en une un soir de pleine lune et glisse-la dans ta taie d'oreiller. Garde l'œil ouvert dans les jours qui suivront, car ton ou ta partenaire idéal·e te sera présenté·e !

☽ 30 ☾

Amulette pour attirer l'amour passionné

En quête d'une histoire d'amour passionnée, pourquoi ne pas essayer un rituel d'amulette d'amour ? C'est une belle façon de canaliser tes intentions et tes désirs dans un objet tangible, attirant ainsi l'amour passionné que tu mérites.

Le bon moment : pleine lune.

Ingrédients et outils :

- Un petit sac de tissu rouge ;
- Trois pétales de rose rouge séchée ;
- Un ruban rose ;
- Une mèche de tes cheveux ;
- Trois gouttes d'huile essentielle de rose ;
- Une pincée de cannelle.

Rituel :

Dépose les pétales de rose, ta mèche de cheveux et la pincée de cannelle dans le petit sac de tissu rouge en récitant les paroles suivantes trois fois :

> *« Cette amulette pour l'amour-passion,*
> *Cette amulette pour le grand amour,*
> *Cette amulette pour le bonheur absolu,*
> *Qu'il en soit ainsi. »*

Laisse tomber trois gouttes d'huile essentielle de rose à l'intérieur de la pochette et scelle cette dernière avec le ruban rose. Porte-la toujours sur toi, du côté gauche, sois dans une poche ou dans ton soutien-gorge.

☽ 31 ☾

Amulette pour attirer l'amour

Je te propose une autre petite amulette pour attirer l'amour et surtout, trouver la bonne personne pour partager ta vie. Tu pourras facilement trouver les fleurs chez un fleuriste ou à l'extérieur en été.

Le bon moment : pleine lune.

Ingrédients et outils :

- De l'encens au choix (rose, patchouli ou vanille) ;
- Un petit sachet de tissus rouge ;
- Sept pétales de rose rouge (sauvages ou cultivées) ;
- Sept pétales de marguerite (sauvages ou cultivées) ;
- Sept pépins de pomme rouge ;
- Un peu de ton parfum ;
- Un petit bol ;
- Une paire de ciseaux.

Rituel :

Allume l'encens choisi et concentre-toi sur ton intention.

Au-dessus du bol, découpe en petits morceaux les pétales de rose et de marguerite. Ajoutes-y un peu de ton parfum et les pépins de pomme. Mélange bien le tout en disant la formule magique suivante :

« Marguerite amoureuse,

Rose romantique,
Petits pépins pour te guider avec passion,
Par ce parfum tu me trouveras »

Dépose le contenu du bol dans ton sachet de tissus rouge. Passe-le au-dessus de la fumée d'encens pour consacrer l'amulette en récitant les paroles suivantes :

« Je consacre cette amulette,
Afin qu'elle attire vers moi
L'amour, le vrai.
Qu'il en soit ainsi. »

À présent, porte l'amulette sur toi aussi souvent que possible. Tu peux aussi le glisser sous ton oreiller la nuit et surtout gardes l'œil ouvert. L'amour devrait se manifester avant la prochaine pleine lune.

☽ 32 ☾

Pour attirer l'amour dans ta vie

Ton cœur aspire à l'amour ? Alors je te propose un rituel de boite magique. C'est une façon tangible d'envoyer tes intentions romantiques à l'univers. En remplissant une boite avec des symboles d'amour, tu invites activement l'amour à entrer dans ta vie.

Le bon moment : pleine lune.

Ingrédients et outils :

- Une petite boite de bois ;
- Un bout de papier rouge découpé en cœur ;
- Quelques boutons de marguerite ;
- Une pierre de tourmaline ;
- Une bague qui t'appartient ou que tu achèteras pour l'occasion ;
- Une bougie rose ;
- Une bougie rouge ;
- Une bougie blanche ;
- Du sel de mer.

Rituel :

Purifie la tourmaline et la bague en les laissant reposer dans le sel de mer pendant 24 heures.

Allume ta bougie rose. Sur le cœur de papier rouge, inscris ton vœu d'amour le plus cher. Attention, il ne doit pas s'agir d'une personne en particulier, mais bien d'une description de ton amour idéal.

Répète à voix haute la phrase suivante à chaque item que tu déposeras dans la boite. Dépose les objets dans ta boite dans cet ordre : Le cœur rouge, les boutons de marguerite, la tourmaline et la bague.

« Symbole d'amour, guide vers moi mon idéal, réalise mon vœu. »

Une fois que tu as déposé tous les items dans la boite, referme-la et laisse couler sur le couvercle quelques gouttes de cire de la bougie rose et dis simplement :

« Qu'il en soit ainsi. »

Place la bougie rouge à gauche de la boite et la blanche à droite. Allume-les toutes les deux et laisse-les se consumer en entier. Tu pourras conserver la boite en lieu sûr.

☽ 33 ☾

Pour attirer l'amour dans ta vie

Voici une autre version de la boite magique pour attirer l'amour dans ta vie. J'adore ces petits objets que l'on peut conserver comme décoration..

Le bon moment : pleine lune.

Ingrédients et outils :

- Une petite boite rouge ;
- Des pétales de rose ;
- Deux quartz roses ;
- Une bougie rouge ;
- De l'encens de bois de santal ;
- Un ruban rouge d'environ un mètre de long ;
- Un ruban rose d'environ un mètre de long ;
- Un ruban blanc d'environ un mètre de long.

Rituel :

Tout au long de ce rituel, concentre-toi sur l'amour qui entre dans ta vie.

Allume ta bougie rouge. Prends les pétales de rose et dépose-les au fond de la boite. Passe les quartz roses dans la flamme de la bougie et dépose-les dans la boite, sur les pétales de rose. Finalement, tresse les trois rubans ensemble tout en répétant cette phrase comme un mantra :

« Par ce lien sacré, nos destins se croisent et l'amour se

présente. »

Une fois la tresse complétée, dépose-la dans la boite avec les autres items. Scelle le tour de la boite avec la cire de la bougie.

Lorsque la bougie est complètement consumée, dépose la boite sur une étagère et conserve-la jusqu'à ce que l'amour se soit présenté dans ta vie. Tu pourras ensuite l'enterrer.

☽ 34 ☾

Pour rendre la journée de son mariage magique !

Vous êtes sur le point de célébrer votre mariage ? Voici un merveilleux rituel qui permettra de dormir la tête tranquille durant les préparatifs afin que tout se passe bien ! Ce rituel s'inspire de la croyance québécoise qu'il fallait accrocher un chapelet sur la corde à linge la veille d'un mariage pour assurer le beau temps !

Le bon moment : pleine lune.

Ingrédients et outils :

- Un tissu rose ;
- Une corde à linge (si tu n'en a pas, tu peux en créer une avec une corde) ;
- Vingt épingles à linge ;
- Une paire de ciseaux ;
- Une boite ;
- Dix petits objets qui représentent pour toi l'amour, la joie, le bonheur (des bijoux, des photos, des fleurs, etc.).

Rituel :

Prends le tissu rose et coupe-le en 10 morceaux. Sur chaque morceau de tissu, écris un vœu ou une intention pour ta journée de mariage, comme que la journée se déroule sans stress, sans imprévu, que tu sois entouré·e d'amour, que les invité·és s'entendent bien, qu'il fasse beau, etc.

Accroche ensuite chaque morceau de tissus à la corde à linge, en alternant avec les dix objets que tu as choisis. Visualise ta journée avec toutes les énergies positives que ton rituel lui apporte. En même temps, répète cette formule magique comme un mantra :

« Lune brillante,
Dix vœux pour une journée parfaite
Que chaque instant soit amour,
Que tout se déroule à la perfection.
Qu'il en soit ainsi. »

Laisse les morceaux de tissus et les objets sur la corde à linge pendant toute la nuit pour absorber l'énergie de la pleine lune. Le lendemain matin, retire-les et garde-les dans une boite en sûreté.

Le matin du mariage, ouvre la boite et touche les objets et les bouts de tissus pour reprendre leurs bonnes énergies, puis débute ta journée spéciale !

Bonheur

☽ 35 ☾

Pour lâcher prise sur une situation

Lâcher prise, facile à dire, mais pas toujours facile à réaliser. Ce rituel vous permettra de lâcher prise sur une situation. Que ce soit avec une personne, un travail ou toute autre situation, vous vous sentirez rapidement soulagé·e !

Le bon moment : lune décroissante.

Ingrédients et outils :

- Une petite poignée de graines de tournesol ;
- Trois clous de girofle ;
- Une pincée de muscade ;
- Un aimant ;
- Un petit sac de tissu.

Rituel :

Prends les graines de tournesol dans ta main gauche. Dis à voix haute :

> « *Comme le tournesol suit le soleil,*
> *Je me tourne vers le renouveau.* »

Ajoute à ta main gauche les clous de girofle et dis :

> « *Repousse ce qui ne me sert plus,*
> *Et protège-moi pendant ce processus.* »

Ajoute la pincée de muscade et dis :

> *« Illumine mon chemin,*
> *Facilite ma guérison. »*

Toujours dans ta main gauche, ajoute l'aimant et dis :

> *« Attire ce qui est bon et bénéfique,*
> *Tandis que je laisse aller ce qui ne l'est pas. »*

Place tous les ingrédients et l'aimant dans le petit sac de tissus. Tiens-le dans ta main droite et récite la formule magique suivante :

> *« Avec amour et avec confiance,*
> *Je lâche maintenant prise.*
> *Qu'il en soit ainsi. »*

Garde le sac avec toi jusqu'à la pleine lune, puis brûle-le. Tu pourras ensuite disposer des cendres et de l'aimant à ta convenance.

☽ 36 ☾

Pour retrouver la joie de vivre et la bonne humeur

Après avoir passé à travers certaines épreuves, il est parfois ardu de retrouver la joie de vivre et la bonne humeur. Ce rituel simple et efficace vise à te recentrer et t'aider à retrouver le sourire! Le bonheur est un voyage, pas une destination. Donne-toi la permission de ressentir toutes les émotions qui viennent à toi et rappelle-toi que même après la nuit la plus sombre, le soleil se lève toujours.

Le bon moment : le rituel doit être pratiqué en plein jour pour bénéficier aussi de l'énergie solaire.

Ingrédients et outils :

- Une bougie jaune ;
- Une pierre de turquoise ;
- Sept représentations de papillons (des images ou des figurines, elles peuvent être différentes les unes des autres).

Rituel :

Si tu peux pratiquer ce rituel à l'extérieur par une belle journée ensoleillée, c'est encore mieux. Cependant, s'il pleut, ne t'empêche pas de pratiquer le rituel à l'intérieur. L'énergie du soleil est quand même présente lors des journées nuageuses.

Allume la bougie jaune et dispose les papillons tout

autour de façon à créer un cercle. Prends la turquoise dans ta main et passe-la au-dessus de la flamme de la bougie en disant la formule magique suivante :

« Comme cette flamme,
ma bonne humeur s'illumine et brille ardemment.
Comme le papillon, mon cœur est léger,
Je me transforme et redécouvre la joie.
Je suis remplie de gratitude,
Qu'il en soit ainsi. »

Porte sur toi la turquoise pendant sept jours consécutifs. Tu verras que tu auras plus de facilité à voir avec gratitude les moments joyeux de ta vie. Après les sept jours, tu peux purifier ta turquoise lors d'une pleine lune en la plaçant sur le rebord d'une fenêtre. Tu pourras la réutiliser pour un autre rituel.

☽ 37 ☾

Pour pardonner à quelqu'un

Il arrive parfois que nous ayons du mal à pardonner à ceux qui nous ont blessés. C'est un sentiment naturel, mais il peut aussi t'empêcher d'avancer. La magie peut t'aider à libérer ces sentiments négatifs et à trouver la paix intérieure.

Le bon moment : nouvelle lune.

Ingrédients et outils :

- Une pierre d'hématite ;
- De l'eau de source
- Un petit récipient ;
- Une bougie blanche ;
- Une plume naturelle (n'importe quel oiseau).

Rituel :

Commence par nettoyer ton autel ou l'espace sur lequel tu disposeras le matériel. Allume la bougie blanche et place l'hématite à côté d'elle, à droite, puis l'eau de source à gauche dans le petit récipient. Lève les mains vers la lune dis :

« Oh, Lune, guide-moi à travers les ténèbres et aide-moi à libérer ce qui ne me sert plus. »

Prends l'hématite dans ta main droite et dis :

« Tout comme cette hématite représente l'ancrage,

Puisse-t-elle me recentrer et effacer la rancune qui me ronge. »

Passe l'hématite sur ton cœur trois fois, puis trempe la plume dans l'eau de source. Trace un cercle avec l'eau (comme si c'était de l'encre) autour de la bougie en disant :

« Comme cette eau purifie, puisse-t-elle laver la douleur de mon cœur. Je libère le passé et j'accueille le pardon. Qu'il en soit ainsi. »

Souffle la bougie et prends quelques instants pour méditer sur l'amour et la paix intérieure. Conserve l'hématite sur toi qui est source de force, confiance et résilience.

☽ 38 ☾

Pour voir la vie avec les yeux d'un enfant

Il est facile de se perdre dans les complexités de l'âge adulte et d'oublier la joie simple et l'émerveillement que nous ressentions en tant qu'enfants. Ce rituel peut t'aider à retrouver cette perspective enfantine, te permettant de voir le monde avec des yeux neufs, remplis de curiosité et de joie. C'est un voyage pour retrouver l'innocence, la spontanéité et la capacité à vivre pleinement chaque instant.

Le bon moment : nouvelle lune.

Ingrédients et outils :

- Une pierre d'œil de chat ;
- Une bougie orange ;
- Un miroir ;
- Un sachet de pétales de rose séchée ;
- Une petite cloche.

Rituel :

Allume la bougie orange. Prends la pierre d'œil de chat dans ta main et ferme les yeux. Visualise une lumière douce émanant de la pierre et enveloppant ton corps et ton esprit. Tout en tenant la pierre, prononce à voix haute :

*« Je choisis de voir le monde avec les yeux d'un enfant,
remplis d'émerveillement et de joie.
Je libère toutes les tensions et les préoccupations
adultes pour accueillir la simplicité et l'innocence.
Qu'il en soit ainsi. »*

Regarde-toi dans le miroir et souris. Visualise ton reflet devenant de plus en plus jeune, jusqu'à ce que tu te voies en tant qu'enfant. Souris à cet enfant et promets-lui de garder sa curiosité et son émerveillement vivants.

Disperse les pétales de rose autour de toi pour apporter l'amour et la douceur. Sonne doucement la cloche pour marquer le début de ta nouvelle perspective.

Laisse la bougie se consumer et garde la pierre avec toi comme rappel de ton intention.

☽ 39 ☾

Pour faire des prises de conscience

Parfois, nous nous sentons bloqué·e·s dans nos vies, comme si nous tournions en rond sans vraiment avancer. C'est souvent le signe que nous avons besoin d'une prise de conscience, de comprendre quelque chose sur nous-mêmes ou notre situation qui nous a échappé jusqu'à présent. C'est là qu'intervient ce rituel de magie, conçu pour ouvrir ton esprit et te guider vers les prises de conscience qui peuvent transformer ta vie.

Le bon moment : lune croissante.

Ingrédients et outils :

- Quelques fleurs de pissenlit fraîches ou séchées ;
- Une bougie bleue ;
- Une bougie jaune ;
- Une bougie violette ;
- Un petit bol d'eau.

Rituel :

Dispose tes trois bougies en triangles et dépose tes fleurs de pissenlit et ton petit bol d'eau au centre. Allume la bougie bleue et dis :

« J'invoque l'élément de l'eau pour m'aider à plonger dans les profondeurs de ma conscience. »

Allume ensuite la bougie jaune et dis :

« J'invoque l'élément du feu et sa lumière pour éclairer ma pensée. »

Enfin, allume la bougie violette et dis :

« J'invoque l'élément de l'éther pour me guider vers la vérité. »

Prends les fleurs de pissenlit et plonge-les dans le bol d'eau. Récite ensuite les mots suivants :

« Ces pissenlits pour la légèreté de mon esprit, prêt à s'ouvrir aux révélations de l'univers.
Cette eau pour le reflet de mon âme, qui me dévoilera ce qui sommeille en moi.
Qu'il en soit ainsi. »

Lorsque tu as terminé, remercie les éléments et la lune pour leur aide. Éteins les bougies et dans les jours qui suivent, observe tes rêves et ce que tu entendras autour de toi. Une réponse viendra.

☽ 40 ☾

Pour en finir avec les choses du passé

Le passé peut peser lourdement sur nos épaules, nous empêchant de vivre pleinement dans le présent et de nous tourner vers l'avenir. Ce rituel peut t'aider à te libérer des chaînes du passé, pour te permettre de faire place à la nouveauté et à la croissance. C'est un voyage de guérison, de libération et de renouveau.

Le bon moment : lune décroissante.

Ingrédients et outils :

- Quelque chose qui symbolise le temps pour toi, comme une vieille montre à cadran, une horloge ou une page de calendrier ;
- Une bougie blanche ;
- Du basilic séché ;
- Une pastille de charbon pour brûler le basilic ;
- Un récipient pour faire brûler le basilic ;
- Un petit morceau de papier et un stylo.

Rituel :

Allume la bougie blanche. Allume ta petite pastille de charbon pour la préparer et dépose-la dans ton récipient. Une fois qu'elle commence à se consumer, déposes-y le basilic séché. Place le symbole du temps devant toi et dis à voix haute :

« Je reconnais le passage du temps et je libère ce qui n'est plus en phase avec mon présent et mon avenir »

Sur le morceau de papier, écris ce que tu souhaites libérer du passé. Tes deuils, des relations terminées, des peurs, des regrets. Tout ce qui te passe à l'esprit. Allume la bougie blanche. Passe ton papier au-dessus de la fumée du basilic et dis :

« Je lâche prise. Avec cette fumée sacrée, je purifie mon passé. »

Ensuite, allume le papier avec la flamme de la bougie blanche et dépose-le ensuite dans ton récipient avec le basilic et le charbon ardent. Regarde le papier brûler tout en récitant la formule magique suivante :

« Par le pouvoir de cet acte, je libère les ombres du passé.
Je fais la paix avec ce qui a été et j'ouvre mon cœur à ce qui sera.
Qu'il en soit ainsi. »

Lorsque le papier a complètement brûlé, remercie l'univers et laisse la bougie se consumer complètement.

☽ 41 ☾

Pour susciter des changements positifs dans ta vie

Il arrive que la vie puisse nous sembler stagnante, ou alors nous avons l'impression d'être bloqué·es dans une routine. Ce rituel est conçu pour t'aider à libérer ton potentiel intérieur et à inviter des changements positifs dans ta vie. Il t'aidera à t'aligner avec tes désirs profonds et à manifester tes rêves dans le monde réel.

Le bon moment : nouvelle lune.

Ingrédients et outils :

- Une bougie bleue ;
- Une bougie jaune ;
- Une bougie orange ;
- La carte de Tarot Le Chariot (tu peux imprimer une image de la carte trouvée sur le web) ;
- De l'encens de myrrhe ;
- Une représentation d'un papillon.

Rituel :

Allume l'encens de myrrhe pour purifier ton espace. Place les trois bougies en triangle et allume-les, en commençant par la bougie bleue en haut, puis la bougie jaune à droite et enfin l'orange à gauche. Place la carte de Tarot au centre des trois bougies et dis :

« Par la lumière de ces flammes et le pouvoir du

chariot,
J'invite les changements positifs dans ma vie. »

Ensuite, dépose la représentation du papillon sur la carte de Tarot et dis :

« Comme le papillon émerge de sa chrysalide,
Je m'épanouis et je me transforme.
Qu'il en soit ainsi. »

Laisse les bougies se consumer complètement et prends le temps de relaxer et d'ouvrir ton cœur aux changements qui arrivent. Tu peux récupérer ta carte et ton papillon et les ranger. Tu verras que les prochaines semaines seront mouvementées !

Capacités psychiques

☽ 42 ☾

Pour accroître ses dons de divination

Les dons de divination peuvent être une boussole précieuse sur notre chemin spirituel, nous aidant à naviguer dans les eaux parfois troubles de la vie. Si tu te sens appelé·e à approfondir tes capacités divinatoires, ce rituel de magie est pour toi. Il est conçu pour ouvrir ton troisième œil, élargir ta perception et te connecter plus profondément avec l'invisible.

Le bon moment : pleine lune.

Ingrédients et outils :

- De l'anis étoilé ;
- Une améthyste ;
- Des fleurs de millepertuis séchée ;
- De l'encens d'oliban

Rituel :

Allume l'encens d'oliban qui a la propriété d'ouvrir ton troisième œil.

Place trois étoiles d'anis devant toi. Fais un cercle autour des étoiles d'anis avec de la fleur de millepertuis.

Prends l'améthyste dans ta main, ferme les yeux et visualise une lumière violette émanant de la pierre, enveloppant ton front (le siège du troisième œil). Récite la formule suivante :

« Par le pouvoir de l'anis étoilé,
Par la sagesse de l'améthyste
Par la clarté du millepertuis,
J'ouvre mon esprit et j'accueille les dons de divination
qui m'appartiennent.
Que ce cristal soit chargé de l'énergie de voyance.
Qu'il en soit ainsi. »

Quand tu auras terminé, tu peux laisser l'encens se consumer complètement en prenant du temps pour te détendre. Tu peux disposer de l'anis étoilé et des fleurs de millepertuis comme tu le souhaites.

Chaque fois que tu feras de la divination, et ce, peu importe l'outil que tu utiliseras, garde toujours ton améthyste près de toi lors des séances. Tu pourras la recharger au clair de lune lors de la prochaine pleine lune, ou en pratiquant à nouveau ce rituel.

☽ 43 ☾

Pour développer tes pouvoirs énergétiques

Ce rituel peut être utile lorsque tu te sens spirituellement épuisé, que tu perçois un déséquilibre dans tes énergies, ou que tu ressens simplement le besoin d'amplifier ta puissance énergétique. En travaillant avec des éléments naturels, nous créons une harmonie entre nos énergies internes et les énergies de la nature.

Le bon moment : pleine lune.

Ingrédients et outils :

- Trois bougies argentées ;
- Quelques graines de tournesol ;
- De la muscade (en poudre) ;
- De la menthe poivrée fraîche ou séchée ;
- Du thym ;
- Une pochette argentée ou grise.

Rituel :

Dispose les trois bougies devant toi et allume-les. Prends un moment pour te recentrer. Ferme les yeux, respire profondément et visualise une lumière blanche qui enveloppe tout ton être.

Dans ta pochette, place les graines de tournesol, la poudre de muscade, la menthe poivrée et le thym.

Répète la formule magique suivante par trois fois :

« Par les pouvoirs de la lune
Par l'énergie de la terre,
Que mes pouvoirs énergétiques se renforcent et se
développent.
Je suis en harmonie avec les forces de l'univers,
Je suis un canal de lumière et d'énergie.
Qu'il en soit ainsi. »

Laisse les bougies brûler jusqu'à la fin. Tu peux en profiter pour méditer et te visualiser te remplissant de la lumière de l'univers. Garde ta pochette sous ton oreiller pour sept nuits. Ensuite, tu pourras en disposer comme tu le souhaites, ou la conserver.

☽ 44 ☾

Pour favoriser l'éveil spirituel

L'éveil spirituel est un voyage intérieur qui nous permet de découvrir notre véritable essence, de comprendre notre place dans l'univers et de vivre une vie plus significative et épanouissante. Ce rituel te guidera sur ce chemin d'éveil, t'aidant à lever les voiles de l'illusion, à éclairer les zones d'ombre et à te connecter à ta source intérieure de sagesse et de lumière.

Le bon moment : nouvelle lune.

Ingrédients et outils :

- Une bougie blanche ;
- De la sauge, en feuille ou en encens ;
- Une fleur d'orchidée ;
- Du cèdre ;
- Des épines de sapin ou de pin ;
- Un cristal de quartz clair ;
- Un bol d'eau de source.

Rituel :

Allume la bougie et la sauge. Place le cristal de quartz et le bol d'eau devant toi. Dans l'eau, dépose quelques brindilles de cèdre, quelques épines de sapin ou de pin et la fleur d'orchidée. Mets ta main au-dessus du bol et dis :

« Cette eau devient maintenant source d'éveil. »

Trempe le cristal de quartz dans l'eau de source, puis utilise-le pour toucher le dessus de ta tête et dis :

« Cristal pur, eau magique,
Ouvrez la voie qui me relie à l'univers. »

Trempe à nouveau le cristal de quartz dans l'eau, puis utilise-le pour toucher l'espace sur ton front entre tes deux yeux (le troisième œil) et dit :

« Cristal pur, eau magique,
Ouvrez mes perceptions, que je vois la vérité. »

Refais la même chose, mais cette fois, touche ton chakra du cœur et dis :

« Cristal pur, eau magique,
Ouvrez mon cœur, que je communie avec le tout.
Qu'il en soit ainsi. »

Laisse la bougie se consumer complètement. Il est possible que ta vision de la vie change dans les prochains jours. Il faut surtout que tu restes confiant·e et que tu laisses la lumière entrer dans ton âme.

☽ 45 ☾

Pour révéler l'invisible

Il arrive parfois que nous ressentions le besoin de percer les mystères qui nous entourent, de comprendre les signes subtils de l'univers ou simplement d'élargir notre conscience. Ce rituel est un moyen puissant de stimuler ton intuition et d'ouvrir ton esprit à des dimensions supérieures. Il est possible que ce rituel te permette de voir des êtres de l'invisible, alors tu dois t'assurer de ne pas être effrayé·e par de telles manifestations.

Le bon moment : nouvelle lune.

Ingrédients et outils :

- Une bougie noire ;
- Une bougie violette ;
- Une rose blanche (une rose de fleuriste fait l'affaire)
- Une plume blanche ;
- Un bâton de sauge ;
- Du sel de mer ou de table.

Rituel :

Allume la sauge. Nettoie ton espace avec la fumée, pour te protéger. Ensuite, allume la bougie noire, un autre symbole de protection.

Place le miroir devant toi et dépose la rose blanche à gauche du miroir et la plume blanche à sa droite. La bougie violette elle, doit être placée au haut du miroir.

Avec le sel, crée un cercle autour de ces objets, afin que tes visions soient positives.

Allume la bougie violette et concentre-toi sur la flamme. Respire profondément et imagine que la lumière de la bougie se connecte directement à ton troisième œil.

Maintenant, regarde-toi dans le miroir et récite la formule magique suivante :

> « *Plume légère, rose éphémère, douce lumière,*
> *Révélez-moi vos mystères*
> *Que mon regard s'ouvre à ce qui est caché*
> *Qu'il en soit ainsi.* »

Continue de te concentrer sur ton reflet dans le miroir en entrant dans un état méditatif, jusqu'à ce que la bougie soit consumée. Laisse des images surgir dans le miroir et dans ton esprit.

Avec ce rituel, tu as ouvert la porte à une nouvelle perception du monde. Tu pourrais voir des esprits, des anges, des fées… N'oublie pas, la pratique régulière de ce rituel peut aider à renforcer ton intuition et ta clairvoyance.

☽ 46 ☾

Pour développer tes pouvoirs magiques

Ce rituel peut être utilisé lorsque tu ressens le besoin d'approfondir ta pratique magique, d'améliorer tes capacités existantes ou de découvrir de nouvelles compétences.

Le bon moment : pleine lune.

Ingrédients et outils :

- Trois pépins de pommes ;
- Trois champignons comestibles (comme des champignons de paris achetés au marché) ;
- Une représentation d'un chat (photo, figurine, etc.)
- Une pastille de charbon ;
- Un récipient pour faire brûler les pépins.

Rituel :

Allume la pastille de charbon dans ton récipient. Place les pépins de pomme, les champignons et la représentation du chat devant toi.

Prends les pépins de pomme dans tes mains et dis :

« *En ces pépins réside le potentiel de mon pouvoir magique.*
Que leur énergie éveille mes dons endormis. »

Jette les pépins de pommes dans ton récipient sur le charbon ardent pour qu'ils brûlent.

Ensuite, prends les champignons dans tes mains et dis :

« Comme ces champignons grandissent et se transforment,
Que je puisse moi aussi évoluer en embrasser ma magie. »

Mange les trois champignons.

Prends la représentation du chat dans tes mains et dit :

« Gardien des secrets anciens,
Guide-moi vers la découverte de mes pouvoirs cachés,
Enseigne-moi les voies de la sagesse magique.
Qu'il en soit ainsi. »

Place la représentation du chat dans un endroit spécial où tu pourras le voir régulièrement. Tu peux aussi revisiter ce rituel à chaque pleine lune pour nourrir ton éveil magique et cultiver tes pouvoirs.

☽ 47 ☾

Potion magique pour développer ton intuition

L'intuition est un don précieux qui peut t'aider à prendre des décisions, à te guider dans tes relations et à naviguer dans la vie avec plus de confiance et de sérénité. Ce rituel est conçu pour te connecter plus profondément à ton intuition et pour amplifier cette voix intérieure.

Le bon moment : gibbeuse croissante – juste avant la pleine lune.

Ingrédients et outils :

- Un litre d'eau de source ;
- Une améthyste polie (très important qu'elle ne soit pas brute, car nous l'ajouterons à la potion) ;
- Une cuillère d'eau de rose ;
- Une cuillère de romarin ;
- Deux cuillères de fleurs de camomille ;
- Sept mûres.

Rituel :

Commence par nettoyer et charger ton améthyste en la laissant reposer sur un lit de sel pendant toute une nuit.

Remplis ton chaudron avec l'eau de source. Ajoute l'eau de rose, le romarin et les fleurs de camomille. Laisse ta potion mijoter à feu doux, en laissant les herbes infuser leur magie dans l'eau. Après 5-6 minutes, ajoute les sept mûres, une par une en répétant ces paroles :

« Par les pouvoirs des herbes et des étoiles,
Je demande à mon intuition de se renforcer et se
dévoiler.
Que cette potion se charge des secrets non révélés
que mon âme connaît déjà. »

Laisse la potion refroidir et filtre là. Ajoute l'améthyste dans la potion et dis simplement :

« Qu'il en soit ainsi. »

Tu peux conserver ta potion au frigo pendant 5 jours. Assure-toi de boire un peu de cette potion tous les jours avant d'aller au lit.

Concentration

☽ 48 ☾

Potion pour maximiser ta concentration avant un examen

Avant un examen important, il est normal de vouloir maximiser ta concentration et tes capacités mentales. La magie peut être une alliée puissante dans cette quête. Ce rituel de potion magique est conçu pour t'aider à stimuler ta concentration et à favoriser une clarté mentale optimale.

Le bon moment : le rituel doit être exécuté la veille ou le jour même de l'examen.

Ingrédients et outils :

- Trois gouttes de vanille ;
- Une cuillère d'hibiscus séché ;
- Quelques feuilles de menthe fraîche ;
- De l'eau de source ;
- Une tasse ou un chaudron.

Rituel :

Fais bouillir l'eau quelques minutes. Pendant que l'eau réchauffe, visualise-toi concentré·e et confiant·e devant ton examen. Respire profondément, puis ajoute trois gouttes de vanille à ton eau maintenant bouillante.

Ajoute ensuite l'hibiscus séché et les feuilles de menthe fraîche. Respire profondément les arômes de la potion pour éclaircir tes pensées. Laisse infuser quelques minutes et dis :

« Par les pouvoirs de l'esprit,
Que ma pensée soit aiguisée, ma mémoire vive et ma
concentration maximale.
Qu'il en soit ainsi. »

Prends un moment pour boire ta potion calmement. Prends aussi le temps de sentir son pouvoir envahir ton esprit tout en méditant sur ta confiance.

☽ 49 ☾

Pour augmenter ta concentration avant une activité sportive ou physique

C'est connu, les athlètes de haut niveau visualisent souvent leurs exploits avant de les accomplir. Si tu cherches à accroître ta concentration et à dépasser tes limites, ce rituel de magie et de visualisation est fait pour toi. Laisse-moi te guider vers un état où ton esprit et ton corps ne font plus qu'un.

Le bon moment : si possible, une nuit de pleine lune, ou juste avant d'accomplir l'activité sportive.

Ingrédients et outils :

- Une bougie blanche ;
- De l'encens de bois de santal ;
- Un cristal de quartz ;
- Une petite bouteille d'eau pure ou d'eau de lune chargée de ton intention.

Rituel :

Installe-toi dans un endroit calme où tu te sens en harmonie avec toi-même.

Allume la bougie et l'encens, laissant leur parfum enivrant emplir l'air.

Prends quelques instants pour calmer ton esprit en respirant profondément, centrant ton attention sur le moment présent. Pour te faciliter la tâche et calmer ton esprit, tu peux commencer par te concentrer sur les sensations dans tes pieds. Ensuite, écoute tous les sons environnants et concentre-toi sur ces derniers. Une fois que tu sens que tu es bien en contact avec le monde physique qui t'entoure, tu peux continuer le rituel.

Tiens le cristal dans ta main dominante et visualise une lumière brillante émanant de lui, enveloppant tout ton être.

Répète la formule magique suivante, en te connectant à ton être profond et en ressentant chaque mot :

> *« Esprit de concentration, je t'implore,*
> *Guide-moi vers la clarté et l'efficacité*
> *Que mon esprit soit vif, mes sens aiguisés*
> *Dans cette activité, je me surpasserai.*
> *Qu'il en soit ainsi. »*

Bois une gorgée d'eau de la bouteille pour sceller l'énergie du rituel en toi.

Reste assis·e quelques instants de plus, ressentant la magie se diffuser dans tes veines, te préparant à libérer tout ton potentiel.

Une fois que tu te sens prêt·e, éteins la bougie et remercie l'univers pour son soutien.

☽ 50 ☾

Pour garder le focus lors d'une tâche spécifique

Parfois, nous avons besoin d'un petit coup de pouce pour maintenir notre concentration lors de tâches spécifiques. Si tu ressens le besoin de garder le focus et de canaliser ton énergie, alors ce rituel de magie est fait pour toi.

Le bon moment : quand tu en ressens le besoin.

Ingrédients et outils :

- Une bougie violette ;
- Une poignée de romarin séché ;
- Une pierre de soldalite ;
- Une écorce de bouleau (ou un bout de papier) ;
- Un stylo bleu.

Rituel :

Allume la bougie violette et laisse sa lueur créer l'ambiance.

Saupoudre les feuilles de romarin en cercle sur ton autel. Laisse un moment leur arôme terreux emplir l'air et revigorer tes sens. Dépose ensuite la sodalite au centre du cercle de romarin.

Respire profondément et visualise une bulle de concentration non perturbée t'entourant, te protégeant des distractions.

Maintenant, écris ta tâche ou ton objectif spécifique sur l'écorce de bouleau ou le bout de papier, en y mettant toute ton intention à chaque trait de stylo.

Murmure la formule suivante :

> « Esprit aiguisé, attention vive,
> Distractions bannies, concentration suprême.
> Avec clarté et détermination, je vais m'efforcer,
> Ma tâche accomplie, je vais prospérer.
> Qu'il en soit ainsi ! »

Brûle le bout d'écorce ou de papier avec la bougie et laisse-la se consumer complètement pendant que tu te plonges avec une concentration inébranlable dans ta tâche.

Garde la sodalite à proximité ou porte-le sur toi chaque fois que tu devras accomplir ta tâche.

Confiance en soi

☽ 51 ☾

Pour trouver le courage d'aborder une personne

Quand il s'agit de trouver le courage d'aborder quelqu'un, nous allons capturer l'énergie magique de la pleine lune. Cette phase est idéale pour libérer nos inhibitions et embrasser notre authenticité.

Le bon moment : pleine lune.

Ingrédients et outils :

- De l'eau de rose ;
- Du basilic frais ou séché ;
- Un œillet ;
- Un aimant ;
- Un petit sachet de tissu bleu foncé.

Rituel :

Commence par asperger l'eau de rose autour de toi en disant :

« Que cette eau de rose ouvre mon cœur et adoucisse mes craintes. »

Prends le basilic dans tes mains, ferme les yeux et répète :

« *Basilic, donne-moi la force d'exprimer mes sentiments avec assurance et sincérité.* »

Tiens l'aimant et visualise la personne que tu souhaites aborder. Imagine une interaction positive entre vous deux et dis :

« *Aimant, facilite-moi la tâche et attire (nom de la personne) dans ma vie.*
Que cette rencontre soit pleine de joie et de connexion. »

Enfin, tiens l'œillet et déclare :

« *Cet œillet, symbole de confiance,*
Rend notre rencontre inévitable et joyeuse.
À présent j'ai le courage d'aller vers toi.
Qu'il en soit ainsi. »

Prends un moment pour ressentir l'énergie de ton rituel. Visualise-toi abordant cette personne avec confiance et aisance. Ressens la joie de cette connexion.

Pour terminer, range tes ingrédients et l'aimant dans un sac en tissu et garde-le près de toi. Quand tu seras face à la personne concernée, tu trouveras la force de l'aborder.

☽ 52 ☾

Pour cesser de craindre d'avancer dans un projet

Tu sais, parfois, on se sent un peu comme face à une montagne quand il s'agit d'avancer dans un projet. Ça peut faire peur, et c'est normal. J'ai un petit rituel magique qui va t'aider à dépasser cette crainte et à avancer avec assurance. Alors, prêt·e à changer de perspective et à embrasser tes rêves ?

Le bon moment : lune croissante.

Ingrédients et outils :

- Une pierre de sélénite ;
- Une baguette de bambou (tu peux utiliser des baguettes pour manger des sushis par exemple) ;
- Un dessin ou une photo d'une abeille ;
- Une bougie rouge.

Rituel :

La veille, laisse reposer la pierre de sélénite sur ton autel toute la nuit pour purifier ton espace sacré et le charger d'énergie positive.

Au moment d'exécuter ton rituel, retire la sélénite de ton autel. Dépose le dessin de l'abeille sur ton autel. Dépose ensuite par-dessus ta bougie rouge et allume-la puis dis :

« Par cette flamme rougeoyante
J'active le pouvoir de l'abeille,
inspire-moi de ton énergie laborieuse.
Que je sois productif·ve et engagé·e dans mon projet.

Saisis la baguette de bambou et allume-la avec la flamme de la bougie. Dis :

« Comme le bambou, je suis résilient·e et capable de croître rapidement.
Que mon projet progresse avec fluidité et rapidité
Que mon projet progresse avec fluidité et rapidité
Que mon projet progresse avec fluidité et rapidité
Qu'il en soit ainsi. »

Tu peux maintenant éteindre la baguette de bambou et laisser se consumer la bougie en visualisant ton projet en train de se réaliser avec succès. Prends quelques minutes pour t'imaginer travaillant avec confiance et joie, sans aucune crainte.

☽ 53 ☾

Amulette pour retrouver la motivation

Te sens-tu parfois découragé·e, cherchant à tout prix à retrouver ta motivation ? J'ai préparé un rituel solaire qui va réchauffer ton cœur et rallumer cette étincelle de motivation. Alors, prêt·e à embrasser ta puissance intérieure ?

Le bon moment : ce rituel doit être pratiqué en plein jour.

Ingrédients et outils :

- Une bougie jaune ;
- Une pochette jaune ;
- Des fleurs de camomille séchées ou fraîches ;
- Un cristal de citrine ;
- Une fleur de tournesol ou des graines de tournesol si tu ne trouves pas de fleur.

Rituel :

Dépose tous les ingrédients devant toi. Regarde-les un à un et dis les phrases suivantes de façon très claire et directive :

« Camomille, pour avancer en toute tranquillité,
Citrine, pour capter l'énergie du soleil et dynamiser ma motivation. Renforce ma volonté.
Tournesol, comme toi je me tourne vers la lumière et j'absorbe l'énergie solaire.
Que ma motivation grandisse. »

Dépose tous les ingrédients dans ton sachet jaune et ferme-le. Allume la bougie jaune pour sceller le rituel en disant simplement :

« Qu'il en soit ainsi. »

Laisse la bougie brûler pendant quelques minutes. Chaque jour, pendant les 7 prochains jours, rallume la bougie jaune. Fais confiance à ton intuition et suis ton cœur. Laisse-toi guider par la lumière du soleil.

☽ 54 ☾

Pour être bien dans ta peau et apprendre à t'apprécier davantage

Ce rituel simple a pour but de briser les schémas de pensée négatifs et de t'aider à reconnaître et à célébrer ta valeur intrinsèque. Il est conçu pour te permettre de te connecter à ton moi intérieur, d'embrasser ton unicité et de cultiver un amour de soi profond et durable.

Le bon moment : pleine lune.

Ingrédients et outils :

- Un miroir ;
- Une bougie verte ;
- Une bougie orange ;
- De l'encens de Benjoin

Rituel :

Allume les bougies et l'encens. Regarde-toi simplement dans le miroir en respirant profondément et dis :

« À la lueur de ces bougies,
Mon vrai visage est révélé.
Le visage de mon enfance,
Celui qui reflète mon innocence.
Je rayonne et mon âme se souvient,
Qu'elle est parfaite en tout point !
Qu'il en soit ainsi. »

Tu dois répéter ces paroles devant le miroir comme un mantra jusqu'à ce qu'elles te fassent vibrer profondément.

Laisse les bougies se consumer complètement en méditant sur les moments de ta vie où tu te sentais le plus libre et confiant·e.

Créativité

☽ 55 ☾

Pour trouver l'inspiration

Tu te sens en manque d'inspiration ? J'ai créé pour toi une eau magique à vaporiser juste avant de te mettre au travail, question de booster ta créativité !

Le bon moment : lune croissante

Ingrédients et outils :

- Un flacon vaporisateur ;
- De l'eau de source ;
- Des pétales de rose ;
- De l'huile essentielle de citron ;
- Un petit morceau de quartz clair

Rituel :

Commence par nettoyer ton espace de travail. Remplis ton flacon vaporisateur avec de l'eau de source. Ajoute les pétales de rose et quelques gouttes d'huile essentielle de citron.

Prends le quartz clair dans ta main droite et dis :

« Par ce cristal, j'amplifie l'énergie de cette eau magique. »

Ajoute le quartz au flacon. Ferme-le et secoue-le doucement pour mélanger les ingrédients. Tiens le flacon dans tes mains et prononce les paroles suivantes :

« Que cette eau magique attise ma créativité et invite l'inspiration. Qu'il en soit ainsi. »

Avant chaque séance de création, vaporise un peu de ton eau magique autour de toi. Imagine l'inspiration descendre sur toi comme une pluie douce et rafraîchissante.

☽ 56 ☾

Bouteille à secouer pour avoir de nouvelles idées

Que ce soit pour un projet artistique, une décision importante à prendre ou simplement pour trouver une nouvelle perspective sur une situation, ce rituel de la bouteille des idées peut t'aider à débloquer ta créativité et à faire jaillir de nouvelles idées.

Le bon moment : lune croissante.

Ingrédients et outils :

- Une petite bouteille ;
- Des fleurs de jasmin ;
- Des fleurs de lavande ;
- Cinq clous de girofle ;
- Un petit quartz rose (assez petit pour entrer dans la bouteille) ;
- Une bougie jaune ;
- Un ruban gris (environ 30 cm) ;
- Un bout de papier ;
- Un stylo.

Rituel :

Dispose les ingrédients et outils devant toi. Allume la bougie jaune. Commence par écrire les mots suivants sur le bout de papier :

« Imagination | Idées | Inspiration »

Dépose les ingrédients un à un dans la bouteille en commençant par les fleurs de jasmin, puis les fleurs de lavande et les clous de girofle.

Insère ensuite le bout de papier et le quartz rose, puis referme la bouteille.

Attache le ruban gris autour de la bouteille et scelle le bouchon avec la cire de bougie jaune.

Secoue la bouteille pour mélanger les ingrédients et prononce la formule suivante :

« Par la grâce de la lune croissante,
Que mes pensées soient fluides et constantes.
Avec ces herbes et cette pierre sacrée,
Que mon esprit soit éclairé et préparé.
Imagination, idée et inspiration,
Je demande maintenant cette transformation.
Qu'il en soit ainsi. »

Agite la bouteille chaque fois que tu as besoin d'un coup de pouce créatif en répétant :

« Imagination, idées, inspiration. »

Garde la bouteille près de ton espace de travail ou dans un endroit où tu passes beaucoup de temps.

☽ 57 ☾

Pour rendre tes œuvres magiques et attirantes

Peu importe le type d'activité artistique que tu pratiques, ce rituel te permettra d'ensorceler tes œuvres pour qu'elles deviennent irrésistibles et que les gens veulent à tout prix se les procurer.

Le bon moment : pleine lune.

Ingrédients et outils :

- Ton œuvre (livre, toile, artisanat, feuille de musique, parole de chanson, etc.) ;
- Trois bougies bleues ;
- Du sel de mer ;
- Une tourmaline ;
- De l'encens de chèvrefeuille.

Rituel :

Choisis un lieu calme et paisible où tu ne seras pas dérangé·e.

Dessine un cercle avec le sel de mer sur ton autel autour de l'espace où tu vas réaliser le rituel. Il doit être assez grand pour accueillir ton œuvre. Si tu n'as pas assez d'espace sur ton autel, réalise le rituel au sol.

Dispose les trois bougies bleues, l'encens de chèvrefeuille, la tourmaline et ton œuvre à l'intérieur du cercle de sel pour que ce soit joli. Allume les trois bougies bleues et l'encens.

Ferme les yeux, respire profondément et concentre-toi sur ton intention. Visualise ton œuvre d'art rayonnante d'une lumière brillante et attirante.

Récite la formule suivante :

> « *Par le pouvoir de la créativité et de l'inspiration,*
> *Je charge cette œuvre de magie et de beauté.*
> *Que tous ceux·celles qui la voient (ou l'entendent),*
> *Soient touché·e·s par sa lumière, son énergie et son charme.*
> *Qu'il en soit ainsi.* »

Laisse les bougies se consumer jusqu'à la fin. Lorsqu'elles seront éteintes, ton œuvre d'art sera chargée de l'énergie positive que tu as invoquée.

Une fois le rituel terminé, nettoie ton espace et range tes outils. Garde le cristal près de ton lieu de travail pour continuer à amplifier l'énergie créative.

Deuil

☽ 58 ☾

Pour adoucir le deuil d'un être cher

Voici un rituel de magie symbolique destiné à adoucir le deuil d'un·e être cher·e. C'est une pratique qui peut t'aider à trouver un certain apaisement et à honorer la mémoire de la personne disparue.

Le bon moment : nouvelle lune.

Ingrédients et outils :

- Une bougie blanche ;
- Une photo ou un objet appartenant à l'être cher disparu ;
- De l'encens ou un bâtonnet de sauge ;
- Un cristal de quartz rose ;
- Un morceau de papier et un stylo.

Rituel :

Allume la bougie blanche et la sauge. Place de cristal de quartz rose et la photo ou l'objet de ton être cher devant toi.

Prends une profonde inspiration et ferme les yeux. Visualise la personne aimée, enveloppée de lumière rose et de paix.

Ouvre les yeux et écris sur le papier tout ce que tu ressens, tes pensées, tes souvenirs, tout ce que tu aurais aimé dire à cette personne. Laisse tes émotions couler librement.

Une fois que tu as fini d'écrire, lis à haute voix ce que tu as écrit, comme si tu parlais directement à ton être cher.

Récite ensuite la formule suivante :

« Par la lumière de cette bougie,
Je libère ma douleur et j'embrasse l'amour que nous avons partagé.
Tu vis toujours en moi
Dans mes souvenirs et dans mon cœur.
Que la paix nous accompagne, ici et au-delà.
Qu'il en soit ainsi. »

Laisse la bougie se consumer complètement. Cela symbolise la libération de ta douleur et l'acceptation de la paix.

Après le rituel, garde le cristal de quartz rose avec toi. Il servira de rappel de l'amour que tu portes à ton être cher et du réconfort qu'il peut apporter.

N'oublie pas, il est normal de ressentir de la douleur et du chagrin lorsqu'on perd quelqu'un. Ce rituel n'est pas destiné à effacer ces sentiments, mais à t'aider à les traverser avec amour et compassion pour toi-même.

☽ 59 ☾

Pour adoucir le deuil d'une fausse-couche ou d'un enfant mort-né

Je sais que ce rituel ne peut pas effacer la douleur que tu ressens, mais j'espère qu'il pourra t'aider à exprimer tes sentiments et à trouver un certain apaisement. Ton enfant sera toujours avec toi.

Le bon moment : lune décroissante.

Ingrédients et outils :

- Une pomme, idéalement biologique ;
- Trois rubans d'environ un mètre – un jaune, un noir et un blanc ;
- Une pierre de lune ;
- De la terre et un pot.

Rituel :

Prends la pomme et coupe-la en deux, de sorte à révéler les pépins. Retire trois pépins de la pomme. Un pour la vie qui a été, un pour la vie qui aurait pu être et un pour la vie qui sera encore. Prends un moment pour honorer ces trois états.

Remplis le pot de terre et plante les pépins de la pomme dedans ainsi que la pierre de lune au centre. Couvre-les délicatement de terre.

Prends les trois rubans et tresse-les ensemble en disant :

« De cette perte, la vie renaît.
Dans mon cœur, tu resteras toujours.
Avec cet acte, je te rends hommage, petit ange.
Que mon cœur s'apaise et que ton âme voyage là où
elle souhaite aller.
Qu'il en soit ainsi. »

Une fois la tresse complétée, attache-la autour de ton pot de terre. Prends soin de tes pépins de pommes et regarde-les pousser. Chaque fois que tu prendras soin de cette plante, souviens-toi que l'amour ne meurt jamais. Il change simplement de forme.

Tu pourras ensuite, si tu le souhaites, planter ces petits pommiers dans la nature, comme en forêt.

☽ 60 ☾

Bain magique pour adoucir le deuil d'un animal

Je sais que tu traverses une période difficile. Perdre un compagnon à fourrure, à plumes ou à écailles peut être une expérience déchirante. Ils sont nos amis, nos confidents, et leur départ laisse souvent un grand vide. Je suis là pour t'aider à traverser cette épreuve avec un rituel de sel de bain qui, j'espère, apportera un peu de réconfort à ton cœur endolori.

Le bon moment : lune croissante.

Ingrédients et outils :

- Du sel d'Epsom ;
- Des pétales de rose séchée ;
- De l'huile essentielle de lavande ;
- Une bougie blanche ;
- Quelque chose ayant appartenu à ton animal.

Rituel :

Commence par allumer la bougie blanche et place-la quelque part où tu peux la voir pendant ton bain. Cela symbolise ta volonté d'apporter la paix à ton esprit et à ton cœur.

Prends un bol et mélange une tasse de sel d'Epsom, une poignée de pétales de rose séchée et quelques gouttes d'huile essentielle de lavande. En le faisant, pense à ton animal, aux bons moments que vous avez partagés, à son amour inconditionnel.

Verse le sel de bain dans l'eau de ta baignoire et plonge-toi dans cette eau apaisante. Ferme les yeux et respire profondément, laisse l'arôme des herbes te calmer.

Pendant que tu te baignes, prends la photo ou l'objet de ton animal et tiens-le près de ton cœur. Parle-lui, dis-lui ce que tu ressens, comme si elle·il était encore là avec toi. Rappelle-toi que l'amour que vous avez partagé ne disparait jamais.

Lorsque tu te sens prêt·e, sors du bain et retire le bouchon. Dis ces mots pendant que le bain se vide :

« Dans l'eau, j'ai apaisé mon âme.
Dans le sel, j'ai purifié mes émotions.
Dans les fleurs, j'ai connecté à l'amour.
Dans l'huile odorante, j'ai retrouvé la sérénité.
Tu es parti·e, mais tu n'es jamais vraiment loin.
Je laisse aller cette eau, comme je te laisse aller.
Retrouve la liberté absolue.
Qu'il en soit ainsi »

Regarde l'eau du bain se vider, puis éteins la bougie et remercie ton animal pour l'amour et la joie qu'il·elle a apporté·e dans ta vie.

Fertilité et grossesse

☽ 61 ☾

Pour vivre une grossesse paisible

Bienvenue dans l'incroyable aventure qu'est la maternité. Voici une amulette pour t'accompagner dans cette expérience unique et t'aider à vivre une grossesse paisible et sereine.

Le bon moment : pleine lune.

Ingrédients et outils :

- Un sac de tissus bleu ;
- Un jaspe rouge (ou des fragments) ;
- Un quartz rose (ou des fragments) ;
- Cinq grains de maïs séchés ;
- Une bougie bleue ;
- Un petit bout de bois plat sur lequel tu pourras écrire ;
- Un stylo ou un feutre.

Rituel :

Allume la bougie bleue. Prends la pastille de bois et dessine un symbole magique de protection que l'on nomme sigil. Tu peux le créer selon ton inspiration, dessiner un pentacle ou utilises le symbole suivant que j'ai créé pour toi :

Place ensuite ta pastille de bois dans le sachet. Ajoutes-y les cinq grains de maïs séchés un à un en disant la formule magique suivante :

« Un grain pour la fertilité,
Un grain pour la semence qui prend vie,
Un grain pour la croissance en sécurité,
Un grain pour la mise au monde facilitée.
Un grain pour te voir grandir en pleine santé. »

Ensuite, ajoute le jaspe rouge et dis :

« Cette pierre pour la vitalité »

Puis le quartz rose et dis :

« Celle-ci pour la sérénité »

Referme la pochette, tiens-la entre tes mains. Ferme les yeux et visualise une lumière douce et apaisante enveloppant l'amulette et dis simplement :

« Qu'il en soit ainsi »

Garde l'amulette sur toi aussi souvent que possible durant ta grossesse.

☽ 62 ☾

Pour rêver du sexe d'un enfant à naître

Voici un rituel magique pour découvrir le sexe de ton enfant à venir. Que tu sois enceinte ou que tu espères l'être bientôt, ce moment est plein d'excitation et de questions. Voici un capteur de rêve nouveau genre à accrocher à te fenêtre !

Le bon moment : pleine lune.

Ingrédients et outils :

- Une branche (idéalement du pommier, bouleau ou tilleul) ;
- Un ruban rose ;
- Un ruban bleu ;
- Un ruban jaune ;
- Un petit miroir qu'il sera possible d'accrocher.

Rituel :

Attache les trois rubans à la branche de sorte à les laisser pendre sous cette dernière dans l'ordre suivant : Rose, jaune et bleu.

Attache le petit miroir au bas du ruban jaune. Suspens la branche à ta fenêtre une nuit de pleine lune.

Avant d'aller au lit, prononce les paroles suivantes tous les soirs jusqu'à la prochaine pleine lune :

« Petite âme à naître,
Si tu le veux bien, révèle-moi tes couleurs,
Dans le corps d'une fille ou d'un garçon, peu m'importe
Petite âme à naître, utilise cet objet rituel
Et communique avec moi dans mes songes.
Qu'il en soit ainsi. »

D'ici la prochaine pleine lune, vous recevrez un message clair soit lors d'un rêve ou par l'objet rituel accroché à la fenêtre. Il est par exemple possible qu'un des rubans tombe, rose pour une fille ou bleu pour un garçon ! Cela peut sembler cliché, mais n'oubliez pas que ce ne sont que des symboles simples pour faciliter la communication.

☽ 63 ☾

Pour rêver du nom d'un enfant à naître

Voici un oreiller magique pour recevoir en rêve le nom d'un enfant à naître. J'ai moi-même reçu le nom de mon enfant lors d'un rêve avant même d'en connaître le sexe. Un nom totalement inattendu auquel nous n'avions jamais pensé !

Le bon moment : pleine lune.

Ingrédients et outils :

- Un oreiller confortable ;
- Une taie d'oreiller sur laquelle tu vas écrire ;
- Un peu de lavande séchée ;
- Un peu de camomille séchée ;
- Un cristal d'améthyste ;
- Du fil, une aiguille et des ciseaux ;
- Un feutre violet.

Rituel :

Retourne ta taie d'oreiller de façon à pouvoir écrire à l'intérieur de celle-ci. Écris les mots suivants avec ton feutre violet :

« Mon enfant, parle-moi,
Dis-moi quel nom sera le tient ici-bas,
Je suis là et je t'écoute,
Dans mon sommeil, viens me retrouver.
Qu'il en soit ainsi. »

Ouvre ton oreiller avec les ciseaux. Tu peux découdre un coin afin d'y insérer tes herbes et ton cristal d'améthyste. Insère tes herbes et ton améthyste à l'intérieur de l'oreiller, puis referme le trou avec le fil et l'aiguille. Recouvre l'oreille de ta taie d'oreiller dans laquelle tu as écrit les paroles magiques.

Tous les soirs, utilise cet oreiller pour dormir. Laisse les rêves venir à toi et fais confiance. La réponse viendra quand le bébé sera prêt !

☽ 64 ☾

Pour augmenter ses chances de vivre une grossesse

Ce rituel magique s'aligne avec l'énergie de la pleine lune – un moment d'accomplissement, de fertilité et d'abondance. En utilisant des ingrédients spécifiques connus pour leur lien avec la fertilité, nous allons créer un espace sacré pour inviter l'énergie créatrice de la vie.

Le bon moment : pleine lune.

Ingrédients et outils :

- Un fil de cuivre assez grand pour en faire une bague de pouce ;
- Des graines de fenouil séchées ;
- Un sachet d'herbe au chat séché (tu peux t'en procurer en animalerie) ;
- Du basilic séché ;
- Un récipient pour faire brûler tes herbes ;
- Une petite pastille de charbon.

Rituel :

Allume ta petite pastille de charbon. Dépose tes herbes séchées sur la pastille afin de créer une fumée dense. Commence par les graines de fenouil, l'herbe au chat puis le basilic. Pendant que tu regardes les volutes de fumée se mélanger, pense à ton intention de concevoir un enfant. Imagine que cette fumée magique enveloppe ton utérus. Prononce les paroles suivantes :

« Par la lumière de la pleine lune,
Et le pouvoir de la terre,
J'appelle la fertilité et l'abondance. »

Prends le fil de cuivre, fais-en une bague ajustée à ton pouce gauche. Tu peux utiliser le fil simple ou laisser aller ta créativité et tresser le fil de cuivre.

Passe la bague dans la fumée pour le charger d'énergie. Dis la formule magique suivante :

« Que ce fil magique augmente mes chances de
concevoir la vie.
Qu'il en soit ainsi. »

Porte la bague autour de ton pouce gauche aussi souvent que possible. Tu peux la retirer lorsque tu te douches ou tu te baignes.

☽ 65 ☾

Pour protéger un nouveau-né

Voici un rituel doux et puissant pour envelopper ton nouveau-né d'une bulle de lumière protectrice. Que tu sois un parent, un parrain ou une marraine, ce rituel t'offrira l'opportunité de tisser un cocon de sécurité autour de cet être précieux.

Le bon moment : pleine lune.

Ingrédients et outils :

- Sept fils à broder d'environ 50 cm aux couleurs de l'arc-en-ciel (rouge, orange, vert, jaune, bleu, indigo, violet) ;
- Une breloque en forme d'étoile.

Rituel :

Tisse les fils ensemble de la manière qui te convient. Tu peux en faire une tresse toute simple, ou utiliser une technique de bracelet brésilien. Assure-toi d'insérer l'étoile au centre de ton tissage. Avant de débuter, tiens les fils et l'étoile dans tes mains et dis la formule suivante :

« Un fil rouge pour l'amour. Que tu reçoives tout l'amour dont tu as besoin et que tu vives de belles histoires.

Un fil orange pour le courage. Que tu sois protégé·e de l'adversité et traverses la vie la tête haute.

Un fil jaune pour t'apporter le bonheur et ensoleiller tes journées. Que tes rêves les plus fous se réalisent.

Un fil vert afin que tu connaisses l'abondance, la sécurité, la santé et la force régénératrice.

Une étoile pour veiller sur toi et te suivre toute ta vie.

Un fil bleu pour que tu puisses communiquer tes désirs et tes besoins et que tu sois entendu·e.

Un fil indigo pour que ton esprit soit vif et que tes idées soient claires.

Un fil violet pour que les forces universelles veillent toujours sur toi.

(Nom de l'enfant), je t'offre ce charme avec amour
Afin qu'il te suive toute ta vie.

Qu'il en soit ainsi. »

Tu peux attacher ce charme au berceau du bébé ou le mettre quelque part près de lui.

☽ 66 ☾

Pour savoir si c'est le bon moment pour avoir un bébé

Te voilà face à une grande question : est-ce le bon moment pour avoir un bébé ? C'est une décision importante qui mérite réflexion et intuition. Pour t'aider à y voir plus clair, je te propose un rituel simple, mais puissant.

Le bon moment : pleine lune.

Ingrédients et outils :

- Une bougie blanche ;
- Une aiguille ;
- Un petit pot de terre ou de sable ;
- Un miroir.

Rituel :

Allume la bougie blanche. Prends un moment pour te sentir connecter à la lumière de la bougie, à l'univers, à la source de toute vie. Prends le temps de respirer profondément.

Ouvre tes yeux et regarde-toi dans le miroir. Pose-toi la question : « Est-ce le bon moment pour avoir un bébé ? ». Écoute attentivement ce que ton cœur et ton âme ont à te dire.

Dépose le miroir au sol avec le pot de terre ou de sable par-dessus. Lève-toi et prends l'aiguille entre tes doigts. Place ta main qui tient l'aiguille à la hauteur de ton visage et dis :

« Aiguille, indique-moi la voie à suivre.
Qu'il en soit ainsi. »

Laisse tomber l'aiguille dans le pot de terre.

Si elle plante dans la terre, c'est que c'est le bon moment. Si elle tombe à plat, cela suggère que tu devrais peut-être attendre un peu.

Protection et purification

☽ 67 ☾

Pour créer ton eau de lune

L'eau de lune est une potion puissante qui capture l'énergie de notre satellite céleste bien-aimé. Elle peut être utilisée pour purifier les cristaux, renforcer les rituels et même pour arroser les plantes dans le but d'améliorer leur croissance.

Le bon moment : pleine lune.

Ingrédients et outils :

- Une bouteille ou un pot en verre ;
- De l'eau de source ;

Rituel :

Tu peux utiliser un récipient de la couleur correspondante à un souhait précis, ou simplement créer une eau de lune passe-partout. Tu peux aussi écrire ton intention sur la bouteille pour renforcer le pouvoir de ton eau de lune. Voici quelques correspondances de couleur pour t'aider à faire ton choix :

Rouge : Amour
Rose : Amour, amitié, tendresse
Vert : Abondance, santé, guérison
Bleu : Transformation, changement, protection
Jaune : Action, bonheur, clarté
Violet : spiritualité, connexion avec l'au-delà

Indigo : La plus puissante des couleurs pour créer ton eau de lune selon n'importe quelle intention.

Assure-toi que ta bouteille est propre. Un soir de pleine lune, laisse ta bouteille à l'extérieur ou sur le rebord d'une fenêtre. La bouteille ne doit pas geler sinon elle risque d'éclater.

Au petit matin, récupère ton eau de lune avant le lever du soleil.

Voilà ! Tu as maintenant une eau chargée de l'énergie de la lune. Tu pourras t'en servir dans tes rituels ou encore simplement la boire.

☽ 68 ☾

Spell jar de protection

Ce petit bocal rempli d'intentions et de symboles sera ton allié personnel pour repousser les énergies négatives et attirer la tranquillité. Que tu sois débutant·e dans le monde de la sorcellerie ou un·e praticien·ne chevronné·e, ce rituel te permettra de manifester ta force intérieure.

Le bon moment : pleine lune.

Ingrédients et outils :

- Une bouteille avec un bouchon de liège ;
- Une bougie noire ;
- De l'encens de sauge ou un bâton de sauge ;
- Un bout de ruban noir ;
- Une breloque qui symbolise la protection (comme un pentacle) ;
- Un peu de sel de mer ;
- Une petite pierre Œil de tigre ;
- Des coquilles d'œuf écrasées ;
- Quelques épines de sapin, de pin ou si impossible à trouver, utiliser trois aiguilles ;
- Huit clous de girofle.

Rituel :

Allume le bâton d'encens ou la sauge et la bougie noire. Dispose tous tes ingrédients et outils devant toi et dis :

« J'invoque l'énergie universelle afin de créer cette fiole de protection ».

Insère le bâton d'encens dans la fiole pour le remplir de fumée (ou passe la bouteille dans la fumée de sauge) et dis :

« Cette fumée pour purifier et préparer le sort »

Insère les ingrédients un à un dans la fiole en disant les mots suivants :

« Ce sel pour purifier les énergies capturées,
Ces coquilles d'œuf pour protéger ma vie,
Ce cristal pour me donner la force,
Ces épines pour capturer le mal,
Ces clous de girofle pour éloigner le négatif et attirer l'abondance. »

Ferme la bouteille avec le bouchon et dis :

« J'enferme dans cette fiole tout son pouvoir »

Scelle la bouteille avec la cire de bougie noire et dis :

« Je scelle le pouvoir de protection jusqu'à ce que cette bouteille se brise. »

Concentre-toi sur la protection et sur ton intention et noue le ruban autour de la fiole avec la breloque.

Une fois terminé, dis simplement :

« Qu'il en soit ainsi ».

N'ouvre pas la fiole – le sortilège est « scellé » dans cette dernière.

Tu peux offrir la fiole en cadeau si c'est la raison pour laquelle tu l'as créé. Cependant, une fois que tu as commencé à l'utiliser, elle est à toi uniquement.

Si tu veux te débarrasser de la fiole, tu dois l'enterrer.

Si elle se brise, pas de soucis. C'est qu'elle a accompli sa mission !

Tu peux méditer avec ta fiole, la déposer près de toi, la garder dans une pièce où tu te trouves souvent ou la transporter partout avec toi. Tu peux aussi l'enterrer devant chez toi pour éviter que le négatif entre dans la maison.

Aie confiance, et laisse la magie opérer !

☽ 69 ☾

Pour protéger tes animaux domestiques

On sait à quel point nos compagnon·nes à quatre pattes peuvent être précieux·ses. Ils nous apportent de la joie, de l'amour et une présence réconfortante. Il est donc naturel de vouloir les protéger. Voici un rituel simple pour protéger ton animal de compagnie.

Le bon moment : quand tu en ressens le besoin.

Ingrédients et outils :

- Une labradorite ;
- Une bougie blanche ;
- Une photo de ton animal ;
- Un petit sac de tissus noir.

Rituel :

Allume la bougie blanche et place la photo de ton animal devant toi. Imagine une lumière blanche qui enveloppe ton animal et qui forme un bouclier de protection autour de lui. Prends la labradorite dans ta main et passe-la au-dessus de la flamme de la bougie en disant :

« Que cette pierre se charge de la lumière divine ».

Place la photo dans le sac de tissus noir avec la labradorite. Referme le sachet et prononce les paroles suivantes :

« Que ce talisman protège (nom de l'animal) de tout mal. Qu'il soit en sécurité, en bonne santé et heureux. Qu'il en soit ainsi. »

Quand tu as terminé, éteins la bougie en remerciant l'univers pour sa protection et en affirmant que ton animal est maintenant sous sa garde bienveillante.

Tu peux garder ce sachet près de l'endroit où dort ton animal, ou l'emporter avec toi pour renforcer le sentiment de connexion avec ton animal.

☽ 70 ☾

Pour protéger ta famille

La famille, qu'elle soit de sang ou choisie, est l'un des plus grands trésors que la vie nous offre. Aujourd'hui, je vais te guider dans un rituel un peu plus complexe pour protéger ta famille. C'est une belle façon d'exprimer ton amour et ta gratitude envers celles et ceux qui partagent ta vie.

Le bon moment : idéalement un lundi.

Ingrédients et outils :

- Une bougie brune ;
- Du sel ;
- De la cannelle en poudre ;
- Un bâton de fumigation de sauge ou de cèdre ;
- Une photo de chacun des membres de ta famille que tu souhaites protéger ;

Pour chacune des photos, tu dois rassembler les objets suivants. Donc si par exemple tu as 6 photos, tu auras besoin de 6 de chacun de ces items :

- Un quartz blanc ;
- Une feuille de menthe fraîche ;

Rituel :

Allume la bougie brune et le bâton de sauge ou de cèdre. Passe chacune des photos dans la fumée en disant :

« J'éloigne de toi tout ce qui pourrait te faire du mal ».

Dispose toutes les photos devant toi. Sur chacune des photos, commence par déposer ta feuille de menthe, puis une pincée de sel, une pincée de cannelle en poudre et finalement le quartz blanc.

Chaque fois que tu mets un ingrédient sur une photo dis :

« Je te protège. »

Une fois que toutes les photos sont recouvertes avec les ingrédients, dis la formule suivante :

« Ce sel purifie,
Cette cannelle protège,
Cette menthe repousse le mal,
Cette pierre renforce l'intention.
Qu'il en soit ainsi. »

Laisse les photos des membres de ta famille reposer toute la nuit sur ton autel et la bougie se consumer complètement.

Au matin, tu pourras disposer des ingrédients et outils comme tu le souhaites. Tu peux conserver les quartz et les photos.

☽ 71 ☾

Pour protéger des objets

La protection de nos objets précieux est une façon merveilleuse de préserver nos souvenirs et notre histoire. En pratiquant ce rituel, tu crées un lien magique entre toi et ton trésor, et tu lui offres la meilleure protection qui soit. Ce rituel fait appel à la visualisation.

Le bon moment : lune croissante.

Ingrédients et outils :

- Une bougie blanche ;
- Une bougie noire ;
- Une bougie violette.

Rituel :

Dispose les bougies en triangle sur ton autel. Dépose ton objet au centre du triangle. Allume la bougie blanche et visualise une lumière blanche qui enveloppe ton objet.

Allume ensuite la bougie noire et imagine qu'elle attire et absorbe toutes les énergies négatives qui pourraient toucher ton objet.

Enfin, allume la bougie violette et visualise une lumière violette qui émane de la bougie et enveloppe ton objet d'une protection sacrée et spirituelle.

Dis la formule magique suivante :

« Par le pouvoir de ces trois flammes sacrées,
Cet objet est protégé.
Qu'il soit à l'abri de tout mal et de toute mauvaise
énergie.
Qu'il en soit ainsi. »

Laisse les bougies se consumer complètement. Une fois qu'elles sont éteintes, dis-toi que ton objet est maintenant sous une garde bienveillante.

Tu peux aussi protéger plusieurs petits objets lors du même rituel. Tu n'as qu'à les mettre tous au centre de ton triangle et à dire « ces objets » dans la formule magique.

☽ 72 ☾

Pour purifier ta maison ou une pièce en particulier

T'est-il déjà arrivé d'avoir une impression de lourdeur ou de tristesse en entrant dans une maison ou une pièce ? Ou encore, tu viens d'aménager dans un nouvel espace et tu souhaites y installer tes énergies ? Il existe plusieurs façons de purifier un espace. Je te propose ici un rituel efficace qui te permettra de ramener une énergie positive dans une maison ou dans une pièce en particulier.

Le bon moment : nouvelle lune.

Ingrédients et outils :

- Une bougie noire ;
- De l'eau salée au sel de mer ;
- Un bâton de fumigation de sauge ;
- Un balai ;
- Une pierre de sélénite (facultatif).

Rituel :

Prends le temps de te mettre dans un état d'esprit calme et serein, tout en te visualisant t'emplir de lumière et de pouvoir.

Allume la bougie noire dans la pièce principale (souvent la cuisine) si c'est pour une maison, ou dans la pièce en particulier que tu souhaites purifier. Si tu en as une, dépose la pierre de sélénite à côté de la bougie. Elle sert à absorber les énergies négatives et les canaliser.

Allume le bâton de fumigation de sauge. Regarde dans quelle direction la fumée se dirige – c'est souvent un indice de l'endroit qui doit être purifié en priorité.

Prends le balai et commence à balayer symboliquement chaque coin de la maison ou de la pièce. Imagine que tu es en train de balayer toute l'énergie négative et les vibrations indésirables.

Prends ton bol d'eau salée. Trempe tes doigts dans l'eau et asperge chaque pièce que tu veux purifier en disant :

« Par cette eau salée, je purifie cet espace et éloigne toute négativité. »

Prends le bâton de fumigation de sauge et enfume le tour des fenêtres, les embrasures de porte et tous les endroits où il y a des entrées d'eau (salle de bain, lavabo, cuisine, lave-vaisselle, machine à laver, etc.) en disant :

« Par cette fumée sacrée, je protège cet espace »

*Les cadrages de fenêtres et de portes représentent des entrées pour l'autre monde et les énergies potentiellement négatives. L'eau quant à elle est porteuse d'énergie qui peut provenir de l'au-delà, mais aussi des canalisations qui passent dans toutes les autres maisons qui t'entourent.

Termine ton rituel en retournant dans la pièce principale ou la pièce spécifique que tu viens de purifier. Laisse la bougie allumée et dis :

« Cette maison (pièce) est maintenant purifiée et
protégée. Seule l'énergie positive peut y entrer.
Qu'il en soit ainsi. »

Souffle la bougie pour clore le rituel. Si tu avais une
pierre de sélénite, tu peux la laisser sur place jusqu'au
lendemain. Une fois qu'elle aura tout absorbé l'énergie
négative durant la nuit, enterre-là loin de la maison.

☽ 73 ☾

Pour purifier tes objets magiques

La consécration est un rituel magique qui vise à purifier et à infuser un objet de ton énergie personnelle et de ton intention. C'est une façon merveilleuse de protéger ces objets qui nous sont chers. Voici un rituel que j'ai créé et qui fait appel aux quatre éléments.

Le bon moment : pleine lune.

Ingrédients et outils :

- Une bougie blanche ;
- De l'encens de myrrhe ou d'oliban ;
- Du sel de mer ;
- De l'eau de source ;
- Un tissu blanc assez grand pour recouvrir tes objets.

Rituel :

Allume la bougie blanche et l'encens. Dispose les objets devant toi. Purifie tes objets un par un en complétant le rituel suivant pour chacun.

Commence par passer l'objet dans la fumée de l'encens en disant :

« Par le pouvoir de l'air, je te purifie. »

Ensuite, passe l'objet au-dessus de la flamme de la

bougie et dis :

« Par le pouvoir du feu, je te donne du pouvoir. »

Asperge l'objet avec un peu d'eau de source et dis :

« Par le pouvoir de l'eau, je te nettoie de toute énergie qui n'est pas mienne »

Puis termine en saupoudrant un peu de sel sur ton objet et dis :

« Par le pouvoir de la terre, je te connecte à ma magie. »

Maintenant, termine la consécration de ton objet en le tenant dans tes mains, près de ton cœur et dis :

*« Je consacre cet objet à mon service.
Qu'il soit un gardien de protection, qu'il serve mon plus grand bien et celui de tous ceux qui l'entourent.
Qu'il en soit ainsi. »*

Une fois que tu as consacré tous tes objets, enveloppe-les dans le tissu blanc et laisse-les reposer toute la nuit sur ton autel ou près d'une fenêtre pour qu'ils captent la lumière de la pleine lune.

☽ 74 ☾

Pour te protéger avant un voyage

Ce rituel est un excellent moyen de te préparer mentalement pour ton voyage et d'attirer des énergies positives. De plus, c'est une potion magique qui goûte bon et t'offrira un moment de détente avant ton départ.

Le bon moment : lune croissante.

Ingrédients et outils :

- Une bougie orange ;
- Une tasse d'eau de source ;
- Une pincée de sel ;
- Une cuillère de miel ;
- Cinq framboises ;
- Quelques fleurs de camomille, au goût.

Rituel :

Allume la bougie orange près de ton espace qui servira à faire bouillir ton eau. Porte l'eau à ébullition. Ajoute la pincée de sel et le miel. Remue jusqu'à ce que le tout soit dissous. Ajoute les feuilles de menthe, les cinq framboises et les fleurs de camomille et laisse infuser pendant quelques minutes. Pendant que ta potion infuse, récite la formule magique suivante :

« Par cette potion que j'ai créée,
Je demande protection et sécurité
Pendant le voyage que j'entreprends.
Que mes pas soient guidés avec sagesse
Et que mon chemin soit libre d'obstacles. »

Filtre ta potion et verse-la dans ta tasse. Consomme-la lentement, en visualisant un voile protecteur autour de toi.

Une fois que tu as tout bu, termine ton rituel en disant simplement :

« Je suis maintenant prêt·e pour mon voyage. Je suis protégé·e et guidé·e. Qu'il en soit ainsi. »

☽ 75 ☾

Pour éloigner une personne négative ou nuisible

Il arrive que certaines personnes nous empoisonnent la vie et nous ne savons pas comment nous en débarrasser. Voici un rituel très simple, mais très puissant pour éloigner une personne négative. La personne concernée disparaitra de ta vie de façon bienveillante. Ce peut être par un déménagement, ou encore un changement d'emploi. Ne crains rien, ce rituel ne fera pas de mal à la personne concernée.

Le bon moment : pleine lune.

Ingrédients et outils :

- Une bougie noire ;
- Une bougie blanche ;
- Une feuille de papier ;
- Un stylo.

Rituel :

Allume la bougie noire et la bougie blanche. Sur le papier, écris le nom de la personne que tu souhaites éloigner. Plie le papier en deux, puis encore en deux, jusqu'à ce que tu ne sois plus capable de le plier. Tiens le papier dans ta main gauche et répète ces mots avec conviction :

« Sous la lumière de la pleine lune bienveillante,
Toi (nom de la personne)
Je t'ordonne de t'éloigner,
Je t'ordonne de ne plus avoir d'influence négative sur
ma vie,
Que ton énergie soit repoussée
Et que mon espace vital soit rempli de lumière et de
positivité.
Que ce qui doit arriver arrive de façon parfaite et
bienveillante,
Pour notre bien à tous deux. »

Après avoir prononcé ces mots, brûle le papier dans la flamme de la bougie noire. Laisse les cendres se refroidir, puis jette-les à l'extérieur.

Termine en te tenant debout à l'extérieur et dis :

« Lune bienveillante,
Merci d'entendre ma demande.
J'ai confiance,
Qu'il en soit ainsi. »

☽ 76 ☾

Pour te protéger des personnes négatives

Savais-tu qu'il est possible d'ensorceler un de tes bijoux pour qu'il te serve de bouclier de protection contre les personnes négatives ? Je te montre comment dans ce rituel.

Le bon moment : lune croissante.

Ingrédients et outils :

- Un bijou que tu portes souvent.

*Si tu as la possibilité de te procurer un bijou en obsidienne noire, c'est encore plus puissant.

Rituel :

Par un soir de lune croissante, sors à l'extérieur en apportant avec toi ton bijou favori. Dis les paroles suivantes :

« Sous la lune croissante, je demande protection et sécurité. Que les personnes négatives ne puissent plus m'affecter. Que leurs énergies soient repoussées et que la paix et la positivité règnent. »

Prends un bijou que tu portes souvent. Il peut s'agir d'un collier, d'un bracelet, d'une bague…

Tiens-le dans ta main droite et dis :

« Je charge ce bijou de la puissance de la lune croissante.
Qu'il serve de bouclier contre toute négativité.
Qu'il m'apporte la paix et la sérénité. »

Pour terminer le rituel, répète :

« Avec la puissance de la Lune croissante, je suis protégé·e.
Qu'il en soit ainsi. »

Porte ton bijou sur toi aussi souvent que possible.

☽ 77 ☾

Pour éloigner les pensées négatives

Il est important de prendre régulièrement un moment pour purifier son espace mental, surtout quand on est hyperempathique ou hypersensible. Ce rituel est conçu pour repousser les pensées négatives et faire place à une énergie mentale plus positive.

Le bon moment : lune croissante ou pleine lune.

Ingrédients et outils :

- Une bougie blanche ;
- Une photo de toi ;
- Une petite assiette ;
- Du sel de mer.

Rituel :

Allume la bougie blanche près de ton assiette. Dépose du sel de mer dans l'assiette. Prends la photo de toi. Regarde-toi dans les yeux sur cette photo et dis-toi à voix haute :

« Je suis fort·e, je suis résilient·e, je suis capable de repousser toute négativité. »

Place ta photo dans le bol de sel. Visualise le sel absorbant et neutralisant toutes les pensées négatives qui t'envahissent. Laisse la photo dans le sel toute la nuit sous la lueur de la lune. Le lendemain matin, retire la photo et jette le sel loin de chez toi.

☽ 78 ☾

Pot-pourri magique pour te protéger de la maladie

Je te partage un pot-pourri magique qui va t'aider à renforcer ta protection contre les maladies. Il utilise les forces de la nature pour renforcer l'énergie de protection de ton espace de vie. Tu peux aussi le créer si quelqu'un est déjà malade dans la maison pour attirer la guérison.

Le bon moment : lune croissante ou pleine lune.

Ingrédients et outils :

- Une bougie turquoise ou verte ;
- Un joli bol ;
- Une cuillère de bois ;
- Trois pommes de pin ;
- Trois gousses d'ail ;
- Trois clous de girofle ;
- Des fleurs de lavande séchées ;
- Des graines de lin.

Rituel :

Allume la bougie pour inviter l'énergie de guérison. Prends les trois pommes de pin et place-les dans le bol. Ajoute les trois gousses d'ail et les clous de girofle. Saupoudre le tout avec les graines de lin puis les fleurs de lavande séchées. Prends une cuillère de bois et mélange le tout doucement en visualisant une lumière dorée qui sort émane du pot-pourri. Ferme les yeux et dis la formule magique suivante :

« *Pot-pourri magique,*
Mélange d'ingrédients puissants,
Protège-moi de la maladie.
Que cette espace respire la santé,
Qu'aucun mal ou aucune maladie ne me soit envoyé.
Qu'il en soit ainsi. »

Laisse ton pot-pourri dans un endroit visible de ta maison pour attirer les énergies positives de santé et de bien-être.

☽ 79 ☾

Pour protéger tes plantes et en favoriser la croissance

En tant que sorciers·ères, nous sommes souvent passionné·es des plantes. Avec ce rituel, tu crées un environnement d'énergie positive autour de tes plantes, les aidant à prospérer et à grandir en santé.

Le bon moment : pleine lune.

Ingrédients et outils :

- Un cristal de quartz clair pour chaque plante que tu souhaites protéger ;
- De l'eau de source.

Rituel :

Dispose tes plantes autour de toi. Tu peux pratiquer ce rituel au sol. Si c'est un jardin extérieur, assieds-toi simplement près de tes plantes.

Prends les cristaux de quartz dans tes mains et dis les paroles suivantes en parlant à tes plantes :

« Par ces cristaux, je transmets la force.
Que votre croissance soit en accord avec la source.
Que vous soyez protégées et nourries,
Que vous grandissiez en santé.
Qu'il en soit ainsi. »

Plante un cristal de quartz par plante et arrose avec un petit peu d'eau de source chacun des cristaux. Laisse les cristaux dans tes plantes jusqu'à la prochaine pleine lune où tu pourras refaire ton rituel.

☽ 80 ☾

Pour te protéger des entités négatives

Voici un rituel de bannissement qui utilise le pouvoir des herbes et des cristaux pour purifier ton espace et repousser les entités négatives. Pense à te protéger personnellement avec un bain magique avant d'exécuter ce rituel, surtout si tu ressens la présence d'entités à l'endroit où tu vas exécuter le rituel.

Le bon moment : nouvelle lune.

Ingrédients et outils :

- Un mortier et un pilon ;
- Du romarin séché ;
- De la sauge séchée ;
- Du basilic séché ;
- De la menthe poivrée séchée ;
- Du sel ;
- Une pierre de jaspe rouge.

Rituel :

Dépose tous les ingrédients dans ton mortier et réduis-les en poudre avec le pilon. Dépose le jaspe rouge dans le bol.

Fais le tour de la maison ou des pièces que tu veux protéger des entités et saupoudre une petite quantité de poudre aux quatre coins de l'espace que tu souhaites protéger. Assure-toi d'en garder une petite quantité pour mettre devant les portes d'entrée de la maison.

Pendant que tu répands la poudre, récite la formule magique suivante :

« *Romarin, sauge, basilic, menthe et sel,*
Herbes sacrées et magiques,
Par votre pouvoir je bannis toutes entités négatives.
Jaspe rouge,
Absorbe le mal et emprisonne-le.
Qu'il en soit ainsi. »

Une fois que tu as terminé, empresse-toi d'enterrer le jaspe rouge loin de la maison.

Santé et beauté

☽ 81 ☾

Spell jar pour retrouver la santé et la conserver

Je te propose un spell jar de santé. C'est une pratique simple et puissante qui utilise le pouvoir des plantes et des cristaux pour canaliser l'énergie de guérison. Attrape ton bocal, tes herbes et cristaux, et prépare-toi à créer ton propre talisman de santé !

Le bon moment : pleine lune.

Ingrédients et outils :

- Une bougie dorée ;
- Une bouteille de verre avec un bouchon de liège ;
- Un bout de ruban bleu ;
- Une breloque qui symbolise la longévité pour toi (comme une tortue) ;
- De l'encens de chèvrefeuille ;
- Un peu de sel de mer ;
- Un quartz clair ;
- Un peu de poudre de coriandre ;
- Quelques fleurs de pissenlit fraîches ou séchées ;
- Quelques fleurs de lilas, fraîches ou séchées.

Rituel :

Allume la bougie dorée et l'encens et dis :

« J'invoque l'énergie universelle afin de créer cette fiole de santé et guérison. »

Insère le bâton d'encens allumé dans la fiole pour le remplir de fumée et dis :

« Cette fumée pour purifier et préparer la fiole »

Insère les ingrédients un à un dans la fiole en disant les mots suivants :

« Ce sel pour purifier les énergies capturées,
Ce quartz pour renforcer le pouvoir de ce rituel,
Cette coriandre pour la guérison,
Ces lilas pour la longévité,
Ces pissenlits pour la santé. »

Referme la bouteille en disant :

« J'enferme dans cette fiole tout son pouvoir. »

Scelle la fiole avec la cire de bougie dorée et dis :

« Je scelle le pouvoir de protection jusqu'à ce que cette bouteille se brise. »

Concentre-toi sur la santé, la guérison et ton intention et noue le ruban autour de la bouteille, avec le pendentif puis dis :

« Qu'il en soit ainsi. »

Conserve ce spell jar dans ta chambre à coucher et agite-le tous les soirs avant d'aller dormir pour réactiver son pouvoir.

☽ 82 ☾

Pour obtenir la guérison

Ce rituel utilise les énergies de la Terre et du cosmos pour te guider vers la santé et le bien-être. Alors, prépare-toi à accueillir la guérison dans ta vie en suivant ces étapes simples, mais puissantes.

Le bon moment : lune croissante, idéalement un dimanche.

Ingrédients et outils :

- Une bougie verte ;
- Quelques morceaux d'écorce de chêne ;
- Neuf pépins de pomme ;
- Une cuillère de graine de coriandre ;
- Un récipient pour brûler les ingrédients ;
- Une pastille de charbon.

Rituel :

Allume la bougie verte et ta pastille de charbon. Dépose les ingrédients sur ton charbon ardent et prononce la formule magique suivante :

« J'appelle les énergies,
Terre, air, feu,
Soulagez mon corps,
Guérissez-moi des maux qui m'affligent,
Pénétrez mon âme,
Que je retrouve la santé,
Qu'il en soit ainsi. »

Ce rituel doit être suivi d'une méditation énergétique. Laisse la bougie se consumer complètement et pendant qu'elle brûle, concentre-toi sur la lumière de la flamme. Imagine que cette lumière de guérison remplit ton corps et se dirige directement à l'endroit où tu éprouves des douleurs ou la maladie. La concentration de cette lumière bienfaisante t'enveloppe et te soulage. Prends de grandes respirations lors de ta méditation et fais confiance à l'univers !

☽ 83 ☾

Bain magique pour soulager les maux de l'âme (mal de vivre, dépression, etc.)

Voici un rituel magique apaisant pour soulager les maux de l'âme comme la dépression. C'est un bain magique qui t'aidera à te reconnecter avec toi-même, à apaiser tes émotions et à rééquilibrer ton énergie.

Le bon moment : lune croissante ou pleine lune.

Ingrédients et outils :

- Une bougie bleue ;
- Des fleurs d'œillet d'inde (si tu n'as pas accès, utilise une autre fleur orange) ;
- Un peu d'aneth frais ou séché ;
- Un peu de romarin ;
- Du sel rose (si tu n'en a pas, utilise du sel de mer).

Rituel :

Allume la bougie bleue pour appeler la tranquillité et la paix. Mélange tous les ingrédients dans un bol. Fais-toi couler un bain chaud et dépose tous les ingrédients dans ton bain en récitant les paroles suivantes :

« Bain sacré, purifie mon âme.

Emporte mes peines,
Laisse-moi renaître dans ta chaleur.
Que mon esprit retrouve sa paix,
Que mon cœur retrouve sa joie. »

Entre doucement dans le bain. Laisse l'eau purifiante te nettoyer de toutes tes peines. Reste dans le bain pendant au moins 20 minutes, en te concentrant sur ta respiration et en libérant toute pensée négative.

Quand tu te sens prêt·e à sortir, dis :

« Je suis purifié·e, je vais déjà mieux, je suis en paix. »

Retire le bouchon du bain et regarde l'eau s'évacuer avec tes soucis et dis simplement :

« Qu'il en soit ainsi. »

Maintenant, va dormir et constate dans quel état tu vas te réveiller demain ! Répète ce rituel aussi souvent que tu le souhaites pour te libérer de tes pensées destructrices.

Si tu n'as pas accès à un bain, tu peux te faire simplement un bain de pieds ou verser un bol d'eau contenant les ingrédients sur ta tête pendant la douche.

☽ 84 ☾

Talisman pour apaiser l'esprit

Voici un rituel magique pour soulager les maux psychologiques qui te pèsent et apaiser ton esprit. Crée ton propre talisman de guérison et retrouve ta sérénité intérieure.

Le bon moment : lune croissante.

Ingrédients et outils :

- Une pierre de lune ou une tourmaline rose ;
- Un bâton de Palo Santo ;
- Un fil de cuivre ;
- Une chaîne pour porter autour du cou.

Rituel :

Allume ton bâton de Palo Santo. Passe la pierre choisie dans la fumée pour la purifier. Prends le fil de cuivre, puis enroule-le autour de ta pierre. Crée une petite boucle pour pouvoir y passer ta chaîne. En enroulant le fil de cuivre dis :

« Par ce rituel,
Je charge ce talisman du pouvoir de guérison.
Qu'il apaise mon esprit, qu'il atténue mes peines.
Puisses-tu être mon bouclier contre les maux psychologiques.
Qu'il en soit ainsi. »

Porte le talisman sur toi aussi souvent que possible.

☽ 85 ☾

Bain magique pour chasser la déprime

Voici une immersion dans un univers de détente, de guérison et d'autoréflexion. Imagine-toi enveloppé·e dans une eau chaude infusée d'herbes magiques, de cristaux vibrants et d'huiles essentielles apaisantes. Ton esprit se calme, ton corps se détend et ta peine s'évapore comme la vapeur qui monte de l'eau.

Le bon moment : pleine lune.

Ingrédients et outils :

- Une bougie jaune ;
- Environ une demi-tasse de sel d'Epsom ;
- Quelques gouttes d'huile essentielle d'orange douce ;
- Quelques gouttes d'huile essentielle de verveine ;
- Quelques pétales de rose ;
- Une pierre de citrine.

Rituel :

Allume la bougie jaune. Fais-toi couler un bain chaud et dépose tous les ingrédients dans l'eau. Dépose la pierre de citrine au fond du bain et dis en souriant :

« Le bonheur est puissant,
Le bonheur est présent,
Je suis énergie, je suis joie de vivre,
L'énergie universelle emplit mon âme et me protège,
Qu'il en soit ainsi. »

Une fois que tu as terminé ton bain, récupère la citrine et dors avec pendant sept nuits d'affilée. Tu peux l'insérer dans ton oreiller ou la déposer sur ta table de nuit.

☽ 86 ☾

Eau de gemme pour soulager le stress

Ce rituel a pour but de t'aider à apaiser le stress qui peut t'accabler. En utilisant les énergies des éléments de la nature et en te connectant à leur force, tu peux trouver un espace de calme et de tranquillité intérieure.

Le bon moment : pleine lune.

Ingrédients et outils :

- Une bougie violette ;
- Quelques graines de fenouil ;
- Quelques fleurs de lavande ;
- Trois fraises fraîches ou surgelées ;
- Une tasse d'eau de source ;
- Une pierre de turquoise roulée ;
- Un sachet de thé vide.

Rituel :

Allume la bougie violette pour créer une ambiance favorable à la détente. Fais bouillir ta tasse d'eau et déposes-y tous les ingrédients sauf la pierre de turquoise. Laisse infuser quelques minutes, puis filtre ton eau et transfère le tout dans une bouteille en verre ou un pot Mason.

Prends ta pierre de turquoise et insère-la dans le sachet de thé. Dépose le sachet contenant la pierre dans ta bouteille d'eau. Récite la formule suivante :

« Eau puissante,
Dilue mon stress,
Soulage-moi de ce fardeau,
Clarifie mon esprit,
J'invite la paix et la tranquillité.
Qu'il en soit ainsi. »

Prends le temps de t'asseoir près d'une fenêtre pour déguster ton eau de gemme. Tu peux y ajouter des glaçons si tu la préfères froide. Tu pourras récupérer ta pierre turquoise et la réutiliser plus tard après l'avoir purifié à la prochaine pleine lune.

☽ 87 ☾

Pour favoriser la beauté du corps

Ce rituel est conçu pour t'aider à célébrer la beauté de ton corps en utilisant la magie de la nature. Il comporte un seul ingrédient et est très simple à exécuter.

Le bon moment : en été.

Ingrédients et outils :

- La première rosée du matin ;

Rituel :

Au lever du soleil, trouve un endroit extérieur pour collecter la rosée du matin. Prends un moment pour admirer la nature qui t'entoure.

Secoue des feuilles et l'herbe pour recueillir la rosée dans tes mains. Passe délicatement tes mains humides sur ton visage, tes bras et tout ton corps. Dis la formule magique suivante :

« Comme la rosée embellit la nature,
Ainsi ma beauté s'épanouit en harmonie avec le monde
qui m'entoure.
Ma beauté est unique et rayonnante.
Qu'il en soit ainsi. »

Prends un moment pour imaginer que chaque goutte de rosée est un petit joyau précieux qui pénètre ta peau et te donne une énergie nouvelle et une beauté exceptionnelle.

☽ 88 ☾

Pour favoriser la perte de poids

Savais-tu que la couleur rose est associée à la perte de poids ? Pour ce rituel, tu utiliseras la douce énergie de la couleur rose pour t'aider à atteindre ton objectif.

Le bon moment : un mercredi.

Ingrédients et outils :

- Une bougie rose ;
- Une rose de couleur rose.

Rituel :

Pour l'occasion, tu peux décorer ton autel avec tout ce que tu veux de la couleur rose. Nappe, objets, fleurs, etc. Allume la bougie et visualise une lumière rose t'envelopper. Dis à voix haute :

« J'accueille le changement dans mon corps. »

Prends la rose de couleur rose et imagine que chaque pétale est un petit pas vers ton objectif de perte de poids. Enlève délicatement chaque pétale en répétant à chacune :

« Je m'approche de mon objectif,
Je me libère du poids inutile.
Qu'il en soit ainsi. »

Souffle la bougie et laisse l'univers travailler avec toi.

☽ 89 ☾

Pour récupérer après une maladie

Tu te remets d'une maladie et tu cherches un coup de pouce pour retrouver ton énergie ? Voici un rituel gourmand et naturel qui t'aidera à te sentir à nouveau en forme.

Le bon moment : nouvelle lune.

Ingrédients et outils :

- Un bol de cerises ;
- Un œillet rouge ;
- Un morceau de bois, idéalement du bouleau ou du cèdre.

Rituel :

Trouve un coin tranquille et prépare un petit autel avec une bougie, un œillet rouge pour la protection et le rétablissement, et un morceau de bois pour l'ancrage.

Prends une cerise, fruit de la vie et de l'abondance. Imagine que cette cerise contient toute l'énergie dont tu as besoin pour te rétablir. Mange-la lentement, savoure chaque bouchée. Récite la formule magique suivante :

« Je suis fort·e, je suis résilient·e. Avec chaque jour qui passe, je me sens de plus en plus en forme. »

Touche l'œillet rouge de la main gauche et le bois de la main droite. Prends le temps de ressentir leur énergie stable et protectrice.

Assieds-toi confortablement et continue de déguster les cerises en imaginant que chacune est remplie d'énergie bienfaitrice.

Quand tu sens que tu en as assez mangé, termine en disant avec conviction :

> *« Je suis sur la voie du rétablissement complet.*
> *Chaque minute qui passe*
> *Je me sens de mieux en mieux.*
> *Qu'il en soit ainsi. »*

Tu peux conserver le bois et l'œillet rouge sur ton autel pour te rappeler que tu progresses dans ta guérison totale.

☽ 90 ☾

Pour chasser la maladie d'une maison

Ce rituel vise à créer un espace de guérison et de bien-être. En chassant les influences néfastes, nous ouvrons la voie à la vitalité et à la santé. Prépare-toi à libérer ta maison de toute maladie, à accueillir la guérison et à faire place à une atmosphère de renouveau.

Le bon moment : nouvelle lune.

Ingrédients et outils :

- Une bougie noire ;
- Un balai et un ramasse-poussière ;
- Un mortier et un pilon ;
- Deux cuillères de sauge séchée ;
- Deux cuillères de coriandre séchée ;
- Deux cuillères de thym séché ;
- Deux cuillères de sel de mer ;
- De l'encens de myrrhe.

Rituel :

Allume la bougie noire et fais brûler l'encens de myrrhe dans la maison où se trouve la maladie. Réduis les herbes et le sel en poudre. Saupoudre le mélange d'herbe et de sel sur les planchers de chaque pièce de la maison disant :

« Purifie, nettoie, repousse »

Ensuite, ramasse le tout avec le balai et le ramasse-poussière dans chacune des pièces en prenant soin de terminer avec la pièce qui donne sur l'entrée principale de la maison. Pendant que tu balaies, répète :

« Je balaie la maladie et l'énergie négative ».

Ouvre la porte principale de la maison et jette le contenu de ton ramasse-poussière à l'extérieur en disant :

« Cette maison est maintenant libre de toute maladie,
Cette maison est maintenant purifiée,
Cette maison est maintenant remplie d'ondes positives,
Par le pouvoir de ma conviction,
Qu'il en soit ainsi. »

Laisse la bougie et l'encens se consumer complètement.

☽ 91 ☾

Pour aider à la guérison de quelqu'un à distance

J'ai un rituel pour toi, qui, avec l'accord de la personne concernée, peut transmettre de l'énergie magique et aider dans le processus de guérison. Mais souviens-toi, ce rituel est là pour compléter les soins médicaux, pas pour les remplacer.

Le bon moment : pleine lune et/ou un dimanche.

Ingrédients et outils :

- Une bougie verte ;
- Un quartz rose ;
- De l'encens de lavande ;
- Une corde ou un ruban vert ;
- Un papier et un crayon.

Rituel :

Allume la bougie verte et l'encens de lavande. Prends le quartz rose dans ta main et passe-le au-dessus de la fumée d'encens en disant :

« Lavande pour la tranquillité de l'âme, du corps et de l'esprit. »

Ensuite, passe-le au-dessus de la flamme de la bougie verte en disant :

« Flamme verte pour la guérison »

Note le nom de la personne que tu veux soigner sur le bout de papier et l'intention que tu veux comme « Je veux que (nom de la personne) se remette complètement et rapidement de (nom de la maladie). »

Concentre-toi sur la partie de son corps qui est atteinte et envoi de la lumière à cet endroit avec ton esprit.

Enveloppe le quartz rose dans le bout de papier. Prends ton ruban vert et tourne-le autour du papier et du quartz. Fais une boucle double dans le ruban ou la corde et dis :

> *« Par la lumière de la lune, j'appelle la guérison.*
> *Que l'amour et la force enveloppent (nom de la personne),*
> *Que son corps retrouve sa santé.*
> *Qu'il en soit ainsi. »*

Laisse la bougie se consumer complètement et offre le quartz rose enveloppé dans le bout de papier à la personne concernée.

Sommeil et rêves

☽ 92 ☾

Amulette anti-cauchemar

Les cauchemars peuvent vraiment perturber notre sommeil, qu'on soit adulte ou petit bout de chou. Alors, comment dirais-tu de créer une amulette puissante pour chasser ces mauvais rêves ? C'est assez simple à réaliser et ça pourrait faire toute la différence !

Le bon moment : pleine lune.

Ingrédients et outils :

- Une pochette bleue ;
- Des fleurs de lavande ;
- Du romarin ;
- Du sel de mer ;
- Une pierre de tourmaline.

Rituel :

Réunis tes ingrédients devant toi. Commence par invoquer l'énergie de l'univers en disant :

« J'invoque l'énergie de l'univers et la puissance de la pleine lune claire et lumineuse,
Afin que cette pochette devienne source de réconfort
Et capture les cauchemars. »

Insère tous les ingrédients un à un dans la pochette bleue en disant :

« Ces fleurs de lavande pour un sommeil paisible,

Ce romarin pour éloigner les songes nuisibles,
Cette tourmaline pour capturer les cauchemars,
Et ce sel pour les purifier.
Qu'il en soit ainsi.»

Tu dois dormir avec cette amulette protectrice insérée dans ton oreiller. Chaque matin à ton réveil, sors à l'extérieur et secoue-la vigoureusement pour la nettoyer des énergies négatives.

☽ 93 ☾

Pour rêver de tes vies antérieures

Tu as déjà rêvé de plonger dans les profondeurs de tes vies passées ? Avec ce parfum magique pour rêver de tes vies antérieures, tu pourras faire exactement cela. En un simple pschitt, tu seras sur la voie de l'exploration de ton âme.

Le bon moment : nouvelle lune.

Ingrédients et outils :

- Un flacon pulvérisateur ;
- De l'eau distillée ;
- De l'huile essentielle de lilas ;
- Un petit cristal d'améthyste ;
- Un petit aimant ;
- Un carnet et un stylo.

Rituel :

Remplis ta bouteille au trois quarts d'eau distillée. Ajoute ensuite quelques gouttes d'huile essentielle de lilas.

Prends l'améthyste dans ta main gauche et ferme les yeux. Visualise une lumière violette qui enveloppe la pierre et dis :

*« Je suis prêt·e à découvrir mes vies antérieures.
Que ces souvenirs se révèlent à moi dans la nuit. »*

Ajoute l'améthyste dans le flacon. Prends l'aimant dans

ta main gauche et dis :

*« Attire à moi ces visions qui me révèleront par où mon
âme est passée,
Qu'il en soit ainsi. »*

Ajoute l'aimant dans le flacon. Ferme le flacon pulvérisateur et secoue-le doucement pour mélanger tous les ingrédients.

Juste avant de te coucher, vaporise ce parfum autour de ton oreiller et laisse-toi glisser dans le sommeil. Prends soin de garder un carnet et un stylo sur ta table de nuit pour noter tes rêves, même en plein cœur de la nuit !

☽ 94 ☾

Pour rêver de l'avenir

Tu as déjà voulu avoir un aperçu de ce que le futur te réserve ? Avec ce charme magique à accrocher à ta fenêtre, tu pourras rêver de ton avenir.

Le bon moment : un lundi.

Ingrédients et outils :

- Un sac de tissu bleu ;
- Quelques pierres de lapis-lazuli ;
- Des feuilles de menthe séchées ;
- Une plume noire.

Rituel :

Place les feuilles de menthe et les pierres dans le sac de tissu. Prends la plume noire dans ta main et dis :

> « Songes légers comme cette plume,
> Révélez-moi mon avenir.
> Je suis prêt·e à tout voir, tout savoir.
> Qu'il en soit ainsi. »

Ajoute la plume dans le sac et accroche-le devant ta fenêtre. À ton réveil, note immédiatement tous les détails de tes rêves. Ces fragments pourraient être des indices de ce que l'avenir te réserve !

☾ 95 ☾

Pour guérir l'insomnie

Tu te bats contre les nuits sans sommeil ? Avec ce rituel magique apaisant, je te promets des nuits paisibles et un sommeil réparateur dans les bras de Morphée !

Le bon moment : quand tu en ressens le besoin.

Ingrédients et outils :

- Une bougie mauve ;
- Des fleurs de lavande séchées ;
- Des fleurs de camomille ;
- Un quartz clair ;
- Une paire de ciseaux ;
- Un fil et une aiguille.

Rituel :

Découpe une petite fente dans ton oreiller préféré. Allume la bougie mauve. Insère dans la fente quelques fleurs de lavande, des fleurs de camomille et le quartz clair. Referme l'ouverture avec un fil et une aiguille et secoue ton oreiller en disant :

« Plantes aux propriétés magiques,

Lavande enivrante,
Camomille apaisante,
Ensorcelez cet oreiller.
Qu'il m'apporte un sommeil paisible.
Quartz puissant,
Emprisonne mes soucis,
Guéris mon insomnie.
Qu'il en soit ainsi.»

Chaque soir, secoue bien ton oreiller avant d'aller au lit pour l'activer !

☽ 96 ☾

Amulette pour combattre la fatigue

Te sens-tu constamment épuisé·e, sans raison apparente ? Avec ce rituel d'amulette magique, nous allons t'aider à combattre cette fatigue persistante et à retrouver ton dynamisme perdu.

Le bon moment : quand tu en ressens le besoin.

Ingrédients et outils :

- Une pochette de tissu jaune ;
- Une bougie jaune ;
- Onze grains de café.

Rituel :

Allume la bougie jaune. Dépose les grains de café dans ta pochette jaune et referme-là. Passe ensuite la pochette au-dessus de la flamme de la bougie (en prenant soin qu'elle ne prenne pas feu) et dis :

« Je présente cette amulette à l'élément feu,
Donne-moi ta force et ta vitalité,
Afin d'être déterminé·e et de lutter contre l'adversité.
Ta lumière tient mon esprit éveillé.
Qu'il en soit ainsi. »

Porte l'amulette sur toi quand tu te sens en perte d'énergie. Tu peux la recharger à la lumière du soleil toutes les semaines.

Souhaits

☽ 97 ☾

Boite à souhaits pour attirer l'abondance

Grâce à cette boite à souhaits, tu vas ouvrir la porte à l'univers pour qu'il exauce tes désirs les plus chers. Prépare-toi à accueillir l'abondance avec joie et gratitude.

Le bon moment : le dernier jeudi avant la pleine lune.

Ingrédients et outils :

- Une boite de bois décorée avec des symboles qui représentent l'argent pour toi ;
- Une photo de toi ;
- Un quartz clair ;
- Une représentation d'un trèfle à quatre feuilles ;
- Une feuille de papier blanc ;
- Un stylo à encre verte ;
- Une bougie verte ;
- Une bougie blanche.

Rituel :

Installe-toi confortablement et concentre-toi sur tes souhaits les plus chers en lien avec l'abondance. Prends la boite de bois que tu auras préalablement décoré et pose-la devant toi.

Allume la bougie blanche et prends la feuille de papier et le stylo. Inscris tous les souhaits d'abondance que tu veux, sans limite.

Prends ta photo et tes souhaits et dépose-les au fond de la boite. Dépose ensuite le quartz clair sur ta photo en prononçant les paroles suivantes :

« Pouvoir du cristal,
Canalise en cet instant
L'énergie nécessaire à la réalisation de mes souhaits
les plus chers. »

Allume la bougie verte pour sceller la boite avec la cire.

Lors de la pleine lune qui suivra, retire la cire verte et ouvre la boite en prononçant les paroles suivantes :

« Pouvoir de la pierre,
Rejoint celui de la lune,
Et libère maintenant tes énergies,
Afin que mes souhaits se réalisent.
Qu'il en soit ainsi. »

Tu peux répéter ce rituel tous les mois.

☽ 98 ☾

Boite à souhaits pour attirer l'argent

Tu rêves de voir l'argent affluer dans ta vie comme par magie ? Ce rituel va t'aider à attirer la prospérité financière. Sois prêt·e à inviter la richesse et à dire adieu aux soucis d'argent !

Le bon moment : pleine lune.

Ingrédients et outils :

- Une boite verte ;
- Un ruban vert ;
- Une pièce de monnaie (peu importe la valeur) ;
- Une bougie verte ;
- Des paillettes dorées ;
- Une feuille de papier et un stylo.

Rituel :

Allume la bougie verte. Prends la feuille de papier et le stylo et indique tous tes souhaits liés à l'argent. Emballe la pièce de monnaie avec le papier sur lequel tu as écrit tes souhaits. Dépose le tout dans le fond de la boite.

Prends les paillettes dorées et saupoudre-les dans la boite en disant :

« Particules d'or, symbole de richesse, que mes souhaits se réalisent maintenant. »

Referme la boite et attache le ruban vert autour comme

un cadeau. Place la boite devant toi et dis :

« L'univers m'envoie dès à présent,
Les cadeaux d'argent qui me reviennent.
Qu'il en soit ainsi. »

Laisse la boite dans un endroit où tu la verras souvent pour te rappeler ton intention et ton pouvoir de manifestation.

☽ 99 ☾

Boite aux onze souhaits

Tu as une longue liste de souhaits ? Découvre ce rituel de boite aux onze souhaits, qui va t'aider à les réaliser un par un. Prépare-toi à déverser tes désirs dans l'univers avec une foi inébranlable.

Le bon moment : pleine lune.

Ingrédients et outils :

- Une boite de bois ;
- Une feuille et un feutre ;
- Un cierge blanc.

Rituel :

Dessine un pentacle sur ta feuille avec le feutre. Tu verras que le pentacle comporte onze espaces dans lesquels tu pourras inscrire tes souhaits. Ainsi le dessin doit être assez gros pour que tu puisses écrire dans les espaces.

Plis la feuille en deux, puis encore en deux et une troisième fois en disant :

« Par trois fois je plie. »

Dépose ton papier dans la boite et referme-la. Chaque fois que tu auras un souhait à formuler, tu ouvriras la boite et inscriras ton souhait dans un des espaces du pentacle.

Tu devras aussi faire brûler le cierge blanc pendant trois minutes après avoir refermé le couvercle et dire :

« *Ce souhait cher à mon cœur,*
Réalise-le maintenant.
Qu'il en soit ainsi. »

☽ 100 ☾

Pour réaliser tes souhaits d'enfance

Certains rêves d'enfance ne cessent jamais de scintiller dans notre cœur. Avec ce rituel–bricolage amusant et tout doux, nous allons réaliser ces souhaits d'enfance.

Le bon moment : en plein jour.

Ingrédients et outils :

- Une bougie jaune ;
- Une petite boite en bois ou en carton que tu trouves jolie – idéalement en forme de cœur ;
- Des décorations pour ta boite qui te font penser à l'enfance (paillette, autocollant, dessin au feutre, etc.)
- Des petits morceaux de papier colorés ;
- Des feutres de couleurs variées.

Rituel :

Allume ta bougie jaune et mets-toi dans un état d'accueil et de joie.

Prends ta boite et décore-la avec tous les éléments qui te rappellent l'enfance. Sur les morceaux de papier colorés, écris les souhaits que tu avais quand tu étais enfant. Ils peuvent être aussi fous, grands ou petits que tu le souhaites.

Place tes souhaits dans la boite et referme-la. Ferme les yeux et tiens la boite contre ton cœur. Répète trois fois :

« *Que les rêves de mon enfance deviennent réalité.*
Que la magie de l'innocence guide leur voie.
Qu'il en soit ainsi. »

Garde la boite bien en vue et chaque fois que tu la verras, rappelle-toi de la joie et de l'excitation que tu ressentais en tant qu'enfant.

☽ 101 ☾

Rituel de souhaits à la pleine lune

La lune, cette compagne céleste éblouissante, n'est pas seulement maîtresse des marées, elle vibre aussi avec notre propre énergie intérieure. En t'invitant à découvrir ce rituel enchanteur, je te propose de puiser dans cette force mystique pour donner vie à tes souhaits les plus précieux.

Le bon moment : pleine lune

Ingrédients et outils :

- Une bougie argentée ;
- Des objets qui représentent tes souhaits comme une pièce de monnaie pour l'abondance, un petit cœur pour l'amour, etc. Tu devras te départir de ces objets lors du rituel.

Rituel :

Trouve un endroit calme à l'extérieur. Ce doit être un endroit discret et un peu isolé où tu pourras laisser tes objets comme offrandes.

Allume ta bougie argentée et installe-toi confortablement. Dispose les objets devant toi. Lève les yeux vers la lune et dis :

> « Par la lumière de cette pleine lune,
> Je libère ces souhaits dans l'univers. »

Nomme chacun des objets un à la suite de l'autre et le

souhait correspondant de cette façon :

« Cet (objet) pour (souhait) »

Continue le rituel en disant :

« Que la puissance de la pleine lune guide mes
souhaits vers leur réalisation.
Qu'il en soit ainsi. »

Laisse tes objets dans la nature sous forme d'offrande et remercie la lune pour la réalisation de tes souhaits. Tu peux éteindre la bougie ou la laisser se consumer.

C'est la fin !

Et voilà, nous avons déjà atteint la fin de ce grimoire enchanté. Comme le temps semble avoir filé sur son balai magique ! Du plus profond de mon cœur, j'espère que tu as savouré chaque moment de ce voyage magique à travers les 101 rituels.

Chaque page tournée, chaque mot murmuré dans le silence de ta chambre, chaque instant passé en communion avec les forces mystiques, tout cela a constitué une aventure unique. Une aventure qui, je l'espère, t'a permis de te connecter à la magie qui réside en toi et autour de toi, d'embrasser ton pouvoir personnel et de tisser des liens plus profonds avec l'univers.

Maintenant que tu as exploré ces rituels, souviens-toi qu'ils ne sont que le début. La vraie magie, c'est la transformation continue, le voyage éternel de découverte de soi. Alors, que ton parcours magique soit toujours parsemé de bénédictions lumineuses et d'amour universel !

Reste magique. Oui, reste authentiquement toi-même, car c'est là que réside la véritable magie. Que tu sois assis en cercle sous la pleine lune, ou que tu prépares simplement ton thé du matin, chaque geste, chaque pensée, chaque souffle est une occasion d'inviter la magie dans ta vie.

Je te dis donc : sois magique, sois toi-même, et laisse briller ta lumière sur le monde. La magie est partout, il suffit d'ouvrir son cœur pour la voir.

À propos de l'auteure

Avec des cheveux qui oscillent entre le rose et le mauve, Elysabel est avant tout une hypersensible, une passionnée de licornes scintillantes et une mère dévouée. Sa chaîne YouTube, où elle te guide à travers ton propre chemin spirituel avec une touche de fantaisie et de légèreté, lui a permis de se faire connaître.

Depuis sa plus tendre enfance, Elysabel a toujours été attirée par le monde spirituel : la magie, la voyance, le monde des esprits, les contes et les légendes étaient autant de domaines qui la fascinaient. Au fil du temps, elle a développé une passion pour le travail énergétique et a décidé d'intégrer cette pratique à sa magie, créant ainsi son propre style unique : la magie énergétique et intuitive.

Née et vivant toujours au Québec, Elysabel partage son quotidien avec son mari Jean-Marc, son fils Samuel, son familier Ruby le cardinal rouge et son poisson noir Edgar Allan Fish.

Printed in Poland
by Amazon Fulfillment
Poland Sp. z o.o., Wrocław

33411005R00138